THOMAS BENTHACK

AF221581

BRAUCHT MAN
EIGENTLICH REAL
FÜR BUNDESKANZLER?

THOMAS BENTHACK

BRAUCHT MAN EIGENTLICH REAL FÜR BUNDESKANZLER?

SCHULGESCHICHTEN – ORIGINAL UND KEINE FÄLSCHUNG

EIN UNTERHALTSAMES SCHUL - SACHBUCH

Bibliografische Information der Deutschen Nationalbibliothek:
Die Deutsche Nationalbibliothek verzeichnet diese Publikation in der Deutschen Nationalbibliografie; detaillierte bibliografische Daten sind im Internet über http://dnb.dnb.de abrufbar.

Lektorat: Corinna Benthack
Covergestaltung: Ulrike Link
Korrektorat: Doris Heidhof
Layout: Tino Benthack
Mitwirkende: viele Schüler und Schülerinnen an Hamburger Schulen, insbesondere Stadtteilschulen und etliche Kolleginnen und Kollegen

Herstellung und Verlag: BoD – Books on Demand, Norderstedt
€ 12,00
ISBN: 978-3-75-6220137

INHALTSVERZEICHNIS

PARADOXE AKTION UND INTERAKTION

ERFREULICHE ENTWICKLUNG

EINSATZ FÜR NORMEN UND WERTE

VERSTÄNDNIS – KEIN VERSTÄNDNIS

WEISE SCHÜLER*INNEN

VORWORT

Oft habe ich keine Lust gehabt, Geschichten aus meinem Schulleben zu erzählen, weil ich Reaktionen wie diese einfach nicht mochte: „Das ist ja furchtbar! Wie kannst du das nur aushalten? Was bin ich froh, dass ich nicht Lehrer bin!"

Ich bin doch gern Lehrer gewesen! Daher habe ich es mal mit diesen Geschichten versucht: original, in Verzweiflung und Freude, in Erfolg und Scheitern. Schüler*innen sind anders: verständnislos und großartig, wild und rücksichtsvoll, ablehnend und lernbegierig, ideenreich und einfallslos, liebevoll und aggressiv. Auf jeden Fall anders. Wer dort arbeitet, muss sich darauf einlassen, einfache Lösungen gibt es nicht.

Also: Wie geht es eigentlich wirklich zu in einer Stadtteilschule in einem sogenannten „Problemstadtteil"? Wie verhalten sich Schüler*innen dort wirklich?

Probleme, Spaß, Erfolge und Misserfolge in 50 Geschichten aus der Praxis - Schüler*innen in Originalsprache. Keine Geschichten über sie, sondern mit ihnen selbst erlebte. Hoffentlich amüsant zu lesen, nicht zu nachdenklich, ohne Ratschläge, aber mit vielen Ideen für Unterricht, Klassenleitung und das Leben in der Schule.

In Filmen und Büchern über Schule geht es oft komplett unernst zu, Schüler*innen werden zu Witzfiguren, coole Lehrer*innen bringen die Sache ganz einfach in Ordnung, nur mal einen Chor oder eine Band gründen, mal Fußball spielen und es läuft wie von selbst. Aber das allein ist es eben nicht.

Es gibt keine dummen Schüler*innen. Das haben wir im ganzen Kollegium so gesehen. Über Schüler*innen wurde sich nicht lustig gemacht, auch nicht im Lehrerzimmer. Ihre Probleme und Wünsche wurden ernst genommen.

Mir haben meine Lehrerjahre sehr gefallen. Auch wenn es oft anstrengend war, bin ich froh und dankbar, diesen Beruf gewählt zu haben und erinnere mich gern daran zurück.

Ich habe für diese Geschichten natürlich nie die richtigen Namen von Schüler*innen und Kolleg*innen verwendet und, um Anonymität zu gewährleisten, auch Merkmale verändert, zum Beispiel das Geschlecht, das Alter, die Funktion, die Klassenstufe oder die Herkunft, soweit diese überhaupt eine Rolle spielt.

SCHÜLER-LEHRER-BLICK

HEIMAT

Die Schule liegt zwischen den Stadtteilen Lurup und Osdorf,
die meisten Schüler und Schülerinnen kommen aus Osdorf.
Das alte Dorf namens Osdorf ist klein und liegt auch ziemlich
versteckt neben dem, wofür Osdorf heute in Hamburg
bekannt ist, dem Stadtteil mit den Hochhaussiedlungen.
Zwar gibt's in nächster Nähe viel Grün (den Osdorfer Born),
aber eben auch die Hochhäuser, teilweise etwas
vernachlässigt. Ab und zu gibt es Probleme, selten kommt es
zu Verzweiflungstaten oder Gewalt. Und darüber wird dann
groß berichtet. Der Osdorfer Born hat oft eine schlechte
Presse. Darüber ärgern wir uns seit Jahr(zehnt)en. Viele
Menschen bemühen sich um den Born, es werden Projekte
initiiert und gefördert, oft erfolgreich, aber es ist auch
schwierig.

Viele Schüler kommen wenig aus dem Born heraus, sie
kennen kaum etwas von Hamburg. Zum Beispiel ist von
einer Schülergruppe aus der 8. Klasse, mit der ich zur
Betriebserkundung in einem Hotel am Elbstrand unterwegs
bin, vorher noch niemand in Blankenese gewesen. So weit ist
das doch gar nicht! Da kann ich den jungen Leuten ja mal
was Tolles zeigen, denke ich und los geht's durch Blankenese
zum Treppenviertel, dann die Treppen hinab. Blick auf die
Elbe? Uninteressant. Herr Benthack, warum sind hier so
viele alte Häuser? Die sehen doch toll aus, meine ich. Keine
Antwort. Könn' die hier nicht mal richtige Treppen bauen?
Nee, ich will da nicht runter. Der Born ist schöner! Da bin ich
nun ziemlich platt, lerne aber, dass man alles auch mit

anderen Augen sehen kann und man dem Born gegenüber nicht voreingenommen sein sollte.

Fast alle Schüler identifizieren sich mit ihrem Stadtteil. In Bernas erstem Power-Point-Vortrag, hier noch mit frei gewähltem Thema, klingt das dann so:

„Herzlich Willkommen zu meinem Vortrag über Osdorf. Osdorf ist mein Lieblingsstadtteil - er ist in Hamburg sehr beliebt. Osdorf ist der schönste Stadtteil von Hamburg. Es gibt hier 3 Einkaufszentren: Das Elbe, das Borncenter und das ScheEZ in Schenefeld. Vielen Dank für ihre Aufmerksamkeit."

Na gut, war ja nur zur Übung.

Je nach persönlichem Entwicklungsstand werden die offensichtlichen Unterschiede zwischen Stadtteilen auch schon ironisiert. So stellen Anna und Jolanda Blankenese und Osdorf im Vergleich zu passenden Fotos so vor: „Hier sehen Sie auf dem ersten Bild eine alte Frau aus Blankenese, sie ist reich und trägt nur Designer-Klamotten. Auf dem 2. Bild sehen Sie ein paar Leute aus Osdorf (dazu Bild einer Rapper - Gang), alle leben noch bei ihrer Mama und sie tragen keine Designer-Klamotten. ... Dann sehen Sie auf diesem Bild einen Porsche. Viele Leute (fast alle) in Blankenese fahren so ein Auto. Auf dem Bild dahinter sehen Sie auch ein Auto (ein vollkommen kaputter, nicht mehr fahrtüchtiger alter Opel Rekord), mit solchen Autos fahren die Leute in Osdorf rum." Das war überraschend, ich habe wieder sehr gelacht. Natürlich sympathisieren Anna und Jolanda mit dem ja sehr viel cooleren Osdorf.

Auch Bert gefällt Osdorf. „Es ist sehr schön mit den ganz vielen Hochhäusern, weil wir hier richtig viele Freunde haben und weil immer was los ist und ... als ich Leute in Osdorf interviewt habe, haben sie nicht nein gesagt, sondern ‚natürlich darfst du mich interviewen' gesagt und ganz viel über Osdorf erzählt."

Auch Erhan findet viel gut in Osdorf: „... Zum Beispiel ist jeder immer hilfsbereit, wenn mal was passiert, sind sie immer da, auch die Jugendlichen." Und Halil meint: „... heutzutage ist der Osdorfer Born ins Positive umgewandelt und es gibt wenig sowie gar keine Kriminalität, die Leute sind ... netter geworden und höflicher, viele haben an Bildung zugenommen, ... man kann sich sicher fühlen. ... Osdorf ist schöner und sicherer geworden und viele Leute aus anderen Stadtteilen kommen hier hin, wie z.B. aus Altona oder Schnelsen." Das freut mich wirklich.

Trotzdem wird der Born von vielen Schüler*innen „Ghetto" genannt und so stehen auch fast alle Schüler auf Rap und Hiphop, die einzigen Musikstile, mit denen ich leider bis heute irgendwie nichts anfangen kann. Ich hab's oft probiert, aber ...

Besonders die Jungen dichten, was das Zeug hält für ihre Rapper-Karriere: „Osdorf voller Ehre und Stolz, Schnelsen wir schenkten euch ein Leben, ihr konntet uns nix geben, drum geht ihr jetzt drauf, los Schnelsen geh und lauf!" Oder: „Ich bin geborn im Born, du bist game over hast leider jetzt verlorn. ... denn es ist Osdorf, wo die Träume krepiern, wo die Schwachen verliern und die Starken regiern."

Zettel mit Songtexten dieser Art liegen oft irgendwo herum.

Viele Schüler schreiben auch gern über ihre verlassene Heimat und die damit verbundenen Verluste. Pjotr erinnert sich: „Überall, wo man hinguckt, gibt es riesige Wälder und

Felder. Man riecht fast gar keine Abgase, Meer riecht man von morgens bis abends. ... Fast immer sind wir draußen, TV gucken wir fast nie." „Ich wünschte ich könnte in Polen leben!" meint dazu auch Anna und ergänzt, dort gebe es nicht so viele Hochhäuser, ..., hier spielten alle immer nur drinnen, in Polen nur draußen. Die Gärten dort seien viel größer, ... und: „Ich mag am meisten viel Gras und wenn es frei ist", sagt sie dann noch.

Auch Verena schreibt einen Text über ihre Heimat Polen und trägt ihn auf einer der jährlichen Veranstaltungen zu „Schule gegen Rassismus" vor. Sie fährt immer im Sommer dorthin zu ihrer Oma. Es ist geradezu eine Huldigung an Polen, wo sogar die Luft polnisch rieche. Diesen Text besitze ich leider nicht, aber ich erinnere mich gut an ihren Vortrag.

„In unserem Dorf gelten folgende Regeln.", erklärt uns dann Nalan, hin- und hergerissen zwischen sehr verschiedenen Welten. „Man darf sich den Älteren nicht widersetzen, damit ist gemeint, wenn z.B. mein Onkel zu mir sagt: ‚Geh jetzt mir einen Tee bringen!', dann kann ich nicht sagen: ‚Nein, mach ich nicht oder warte, gleich!', sondern ich gehe auf dem direkten Weg in die Küche ohne Wenn und Aber und bringe ihm einen Tee. Außerdem haben bei uns die Männer das Sagen. … Wenn in unserem Dorf jemand heiratet und mein Onkel sagt: ‚Wir gehen dort nicht hin!', dann wird nicht diskutiert und wir gehen nicht hin." Da verhält sie sich in Hamburg komplett anders. Da diskutiert sie sogar sehr viel.

Mehmet stammt aus Syrien. „2014 sah mein Vater vor seinem Laden die Revolutionäre einen militärischen Stützpunkt aufbauen.", schreibt er, „Da wusste er, dass die Arbeit gefährlich wird. ... er hat seine Werkstatt dahin transportiert, wo er noch ruhig arbeiten konnte. 2015 wurde die Werkstatt dann zweimal kaputt gemacht, einmal durch einen Kurzschluss ... mit Brand, das zweite Mal wegen einer Bombe, die auf das Dach der Werkstatt gefallen war. ... Politik? In Syrien darf man über alles frei sprechen, außer über Politik. ... stellen Sie sich vor, Sie fragen mich in Syrien, was hier mit der Politik los sei. Ich sag dann: ‚Weil der große Onkel das so will.' Wenn Sie z.B. nachfragen: ‚Wer ist denn das?', dann sag ich: ‚Äh, ich muss leider meinen Bruder besuchen, tschüss.' In Deutschland gibt es Meinungsfreiheit, aber in Syrien nicht, alle Menschen wissen dort, warum alles so teuer ist, warum es Syrien so schlecht geht, aber keiner kann darüber sprechen."

Ardas Eltern stammen aus der Türkei, sie war auch schon oft dort, ihre Heimat sei aber Deutschland, meint sie. Bei „Schule gegen Rassismus" trägt sie einen bewegenden Text vor, in dem sie Deutschland lobt, ihre Freiheiten hier und die gute Ausbildung. Trotz der vielen Schwierigkeiten, die sie all die Jahre auf der Schule hatte.

DINGE
DIE ES GAR NICHT GIBT

Unterricht ist leider nicht immer erfolgreich. Das ist traurig, kommt aber immer wieder vor, wie hier einige Beispiele vor allem aus dem Biologieunterricht zeigen:

So erklärt Ugur zwar mit viel Phantasie, aber dann doch nicht ganz zutreffend wichtige Begriffe: „Ein Symptom ist, wenn es Dinge sind, die es gar nicht gibt und Inkubationszeit ist, wenn nach der OP man sich ausruhen kann." Und er hat noch etwas herausgefunden: „Die Funktion des Herzens ist, dass man atmen kann."

Christine hat die Abbildung im Buch irgendwie … nicht ganz … richtig interpretiert. Sie meint: „Es gibt ja 2 Lungen und bei beiden ist was unterschiedlich. Bei einer Lunge kommt das Essen rein und bei der andern atmet man aus und ein."

Ihre Nachbarin ist anderer Meinung: „Die Speiseröhre ist ja in der Lunge und wenn man isst, kommt das ganze Essen in die Speiseröhre und das Unnötige läuft bei der Lunge durch." Ihre Nachbarin ergänzt: „Sie macht aus der Luft Kohlendioxid."

Zum Glück sieht Olga da noch eine Alternative: „Die Aufgabe der Lunge ist zu schlucken, zu atmen, zu reden und sich zu übergeben." Sie weiß auch, welche Folgen es hat, wenn man zu wenig Vitamine zu sich nimmt: „Keine Energie, dumm, man weiß nicht, was man macht."

Auch zur Leber gibt es überzeugende Erklärungen: „Mit der Lunge atmet man und wenn man isst, dann flutscht's auch durch die Leber."

Nach gründlicher Recherche oder möglicherweise auch eigener Beobachtung hat Anika dann herausgefunden, wie sich Einzeller vermehren: „Sie legen Eier, so vermehren sie sich!"

Wirklich bemerkenswert ist Isabelles enorme Planungskompetenz. So beginnt sie ihre Ausarbeitung über die Entwicklung der Tier- und Pflanzenwelt im Laufe der Erdgeschichte so: „Vor 600 Millionen Jahren fing ich mit meinem Referat an, …"

Gewisse kulturelle Vorurteile treten bei Norias Frage nach den Ernährungsgewohnheiten in Afrika zu Tage. „Stimmt es, dass die Afrikaner Steine essen?", fragt sie mich in ihrem Heft fürs 5 - Minuten - Schreiben, „Sie zermatschen die Steine und essen das wie Brot, stimmt das?", spezifiziert sie noch, aber nach Lage der Dinge kann ich das eindeutig verneinen.

Einem Text über die Bedeutung des Immunsystems entnimmt Batuhan folgende Erkenntnisse: „Einen Generalstreik könnten wir keine 48 Stunden überleben." Und außerdem: „Fieber ist, wenn es sehr kalt ist und man zittert und Kopfschmerzen hat."

Leider führen im Deutschunterricht Formulierungshilfen nicht immer zum gewünschten Ergebnis, wie Batuhan in seiner Inhaltsangabe verdeutlicht: „In der Kurzgeschichte „der Feigling" geht es darum", schreibt er, „ ... dass es um einen Jungen geht, ... und dass was passiert, ist ein Streit, aber er hat noch nicht alles gesagt ..." Puh! Es ist aber auch wirklich anstrengend.

Abschließend macht sich Achmed Gedanken über Frauen in Männerberufen und Jungs in Frauenberufen: „...Teilweise ist es gut, aber es ist nicht gut bei Frauen, beispielsweise bei Metall, die können nicht mit dem Material umgehen, haben Angst und bei den Jungs ist es Putzen, sie haben keinen Bock, wollen nicht, wollen lieber Videospiele spielen ..."

Wie man sieht, es bleibt noch einiges zu tun.

NUTZLOS

Auch wohlmeinende Schüler reagieren oft mit Unverständnis, wenn andere als die gewöhnlich benutzten Zeiten besprochen und gelernt werden sollen. Rufen schon Plusquamperfektformen wie „Er hatte dazu keine Lust gehabt." oder „Sie war in der Türkei gewesen." Kopfschütteln hervor, so ist es bei Futur II oder auch einigen Passivformen endgültig aus. „Der Zug wird angekommen sein" oder „Der Lohn wird ausgezahlt worden sein"…

Can lächelt mich freundlich an und schüttelt ein bisschen den Kopf. „Jetzt übertreiben Sie aber echt", meint er und glaubt, dass ich mir das ausgedacht habe. „Mal ehrlich, wer hat das schon mal gehört?" Fröhlich schaut er in die Runde. Natürlich niemand. Na also! Und auch Adile will da nicht mehr mitziehen, auch wenn sie den Unterschied zwischen gesprochener und Schriftsprache eigentlich schon verstanden hat. „Och, Herr Benthack", mault sie, „warum soll'n wir die Wörter denn lernen, wir gebrauchen die doch nie!" Spätestens 6 Jahre später, wenn sie mit der Oberstufe fertig ist, wird sie ihr Wissen gebraucht haben können.

Manchmal verliere ich auch die Geduld, wenn alle so tun, als wüssten sie gar nichts, zumindest was Grammatik betrifft. Da rutscht mir schon mal ein „Das kann doch nicht sein, dass das niemand weiß! Ihr habt jetzt schon 9 Jahre lang Grammatik gehabt!" heraus. Da ernte ich Zustimmung der besonderen Art:

„Ja, Herr Benthack, wir wissen noch nicht mal, was letzte Woche war, wie sollen wir Sachen von vor 9 Jahren wissen?"

Motivationsprobleme auch im Mathematikunterricht. Der Unterschied zwischen Umfang und Fläche. Wir haben im Heft Flächen ausgelegt und Umfänge mit Stiften umfahren, sind in der Klasse und im Schulgelände umhergelaufen und sind Umfänge abgelaufen und haben uns in Flächen hineingelegt, haben Anwendungsbeispiele gesucht und uns den Nutzen im praktischen Leben versucht klarzumachen. Monica und einige ihrer Freundinnen verstehen es aber einfach nicht. Das macht sie traurig. Mich auch. „Wozu brauchen wir das denn? Lassen Sie uns was anderes machen." „Na, überleg mal, wenn du später eine eigene Wohnung hast, musst du dir Farbe kaufen und dann ist es ja gut, wenn du weißt, wie groß die Fläche ist. Sonst hast du nachher zu wenig oder du gibst viel zu viel Geld aus, weil du zu viel gekauft hast."

„Ach was", meint Monica, „das macht mein Freund für mich."

LEIDER ARM

Für meine neue 5. Klasse habe ich zum Thema „Der Urmensch" in der Bücherhalle eine Blockausleihe gemacht und deswegen heute eine ganze Menge verschiedener Bücher für die Schüler mitgebracht.

Im Moment liegen sie aber noch im Kofferraum meines Autos. In der großen Pause will ich diese Bücher mit einigen Schülern, die mir beim Tragen helfen, in die Klasse bringen.

Im Alter von 11/12 Jahren machen Schüler so etwas fast alle sehr gern und ich wähle für solche Dienste oft Schüler aus, mit denen es im Unterricht Schwierigkeiten gibt, damit ich sie mal loben kann und vielleicht auch etwas mit ihnen ins Gespräch komme. Heute sind es Caner und Ferhat, deren Eltern aus dem Libanon bzw. aus der Türkei stammen. Begeistert folgen sie mir auf den Parkplatz, froh über die wichtige Aufgabe, die sie erledigen sollen und das Vertrauen, das ich ihnen schenke.

Allerdings interessiert sie auch sehr, was für einen Wagen ihr neuer Klassenlehrer denn wohl fährt. Da sind sie einiges gewöhnt, ein BMW sollte es wohl schon sein. Das fällt mir aber erst später auf, als die Eltern zum ersten Elternabend kommen.

Jetzt merke ich, wie Caners Schritte sich verlangsamen, als wir uns dem alten Polo nähern, den ich letztens unserer Nachbarin abgekauft habe. Sein Blick wandert von diesem Wagen, den er nun richtig als meinen erkennt, zu mir und wieder zurück. Langsam kommt er hinterher und scheint etwas sagen zu wollen. Traut sich aber nicht. Dann, während ich den beiden die Bücher zum Tragen auf die Arme lege, fasst er sich doch ein Herz und versucht es diplomatisch:

„Herr Benthack, sagen Sie mal, …was verdient man eigentlich so als Lehrer?"

ERWÜRGT

Sprache dient der Verständigung, meistens jedenfalls.
Manchmal auch der Missverständigung.

So verlassen mindestens 50 Prozent der Schüler*innen den
Biologieunterricht mit der Vorstellung von einem
„Zwergfeld" in ihrem Bauchraum. Was sollte denn auch so
ein Zwerch sein? Ein Zwerg in den Eingeweiden dagegen
könnte ja noch irgendeine Funktion haben. Aber Zwerch?
Ähnliches beim Trommelfell. Was ist überhaupt ein Fell? Feld
ist doch viel wahrscheinlicher. „Trommelfeld" - da kann man
sich wirklich irgendwie mehr vorstellen. Und der Begriff
„Feld" knüpft ja auch an die Lebenswelt der Schüler an.
Fußballfeld, Spielfeld, er fällt ... hin. Ein sogenanntes
„Trommelfeld" im Ohr ist dann natürlich die logische Folge.

Am liebsten aber habe ich das „Gehörn". Hört sich ja auch
fast genauso an wie Gehirn. Der Schädelknochen schützt das
Gehörn. Die Fortentwicklung des Menschen zeigt sich an der
zunehmenden Größe seines Gehörns. Das erklärt ja wohl
alles!

Da Bakterien ja ohnehin ziemlich eklig sind und man mit
ihnen nichts zu tun haben möchte, ist es irgendwo auch
nachvollziehbar, dass sie außen keine Hülle, sondern eine
sogenannte „Schleimhölle" besitzen.

Witzig finde ich auch den Wunsch, endlich einmal eine
„Schneeballschlag" machen zu dürfen, denn hier stimmt die

Wortschöpfung mit dem schon oft Beobachteten geradezu perfekt überein.

Manchmal ist es auch schwierig mit Wortkombinationen. So bleibt die Frage „Welcher Datum ist der Woche?" ein wenig im Unklaren, und auch die Seitenangabe „Nein, ich bin auf hundertdrei und etwas Seite!" kann zu Verwirrung führen. Aber macht nichts, bedenklicher ist da: „Lieber Michael, ich wollte mich bei dir entschuldigen, weil ich dich erwürgt habe, ich wusste ja nicht, dass es so ernst war, es tut mir leid und hoffentlich nimmst du die Entschuldigung an." Na hoffentlich kriegt Michael das noch hin.

Auch Schulleitungen formulieren nicht immer ganz klar, ob mangels sprachlicher Kompetenz oder zur Verschleierung inhaltlicher Leere ist dabei nicht immer eindeutig zu unterscheiden. Immerhin konnte der Satz: „Wir haben hier eine gute Möglichkeit, strategisch da was zu setzen", das Kollegium nicht davon abhalten, dann doch einen Beschwerdebrief an den Senator zu verfassen.

Möglicherweise hat Nataschas Mutter einige durch ihre Herkunft geprägte Vorstellungen über die Machtverhältnisse an der Schule, wirkt aber durchaus noch optimistisch, wenn sie schreibt: „Natascha hat um 13 Uhr ein Vorstellungsgespräch und deswegen bitte ich Ihnen sie um 12.30 Uhr freilassen." Freilassen ohne Haftprüfungstermin, so weit kommt das noch.

Nicht ganz korrekt, aber absolut verständlich drückt sich dagegen Natalie aus, als sie im Regen und auf schlammigem Untergrund stehend, nass und kurz vor Beginn des zumindest unter diesen Bedingungen ungeliebten Laufs um den See („Sponsored Walk") bemerkt, dass gleich um die

Ecke Edonas Mutter mit ihrem Auto steht und auf ihre Tochter wartet: „Wenn ich du wär, ich würd so heftig in mein Auto reingehen, ich schwör!", ruft sie aufgebracht, und ich muss so lachen, als ich mir vorstelle, wie Natalie heftig in ihr Auto reingeht und versuche auch dieses Einsteigen mal pantomimisch ... Na gut, darin bin ich kein Meister, aber Natalie und die anderen Mädchen aus der Klasse sind fröhlich und lachen auch. Natalie ist sowieso meistens fröhlich. Und Schule kann auch im Kleinen schön sein.

Zum Schluss noch zu den unregelmäßigen Verben, besonders denen in der 2. Person Plural. Seit 25 Jahren berichtige ich diese Formen: „Gibt euch dann die Hand! Nimmt euch jeder ein Blatt. Wenn man es herausnehmt... Spricht euch nicht gegenseitig an. Spricht zu uns! ... Ihr isst dann alle zusammen. Ihr lässt jeder den anderen aussprechen. ... und dass ihr den anderen nicht unterbricht" „Herr Benthack, das ist doch aber alles richtig!", heißt es dann und als vor kurzem eine wirklich gute Referendarin die Schüler auffordert: „Nimmt bitte die Mappen mit nach vorn... Gibt euch gegenseitig ... und hilft euch auch dabei!", ... merke ich, dass ich alt bin, der Sprachgebrauch hat sich wohl geändert. Ich sieh gleich mal im Duden nach.

BUCH

Im Lehrerzimmer treffe ich eine der jungen Kolleginnen. Meike Putzbach erzählt mir, was sie in ihrem Englisch 1er Kurs erlebt hat. Sie war davon ausgegangen, dass in diesem Kurs die leistungsstarken und arbeitswilligen Schüler sitzen und hatte entsprechend losgelegt. Natürlich mussten alle

Schüler ein Englisch-Wörterbuch kaufen. Meike hatte das für ihre Schüler besorgt.

Als nun ein neu zugezogener Schüler in ihren Kurs kam, wollte sie natürlich dessen Selbstständigkeit fördern, indem sie ihn aufforderte, sich das Wörterbuch selbst zu besorgen. Es koste nur 8,90 Euro und sei in jeder Buchhandlung zu haben.

„Hast du das Wörterbuch besorgt?", fragte sie nun freundlich in der nächsten Unterrichtsstunde. „Wie hieß das nochmal?" „Könn'n Sie's mal aufschreiben?" „Hatte gestern leider keine Zeit!" „Kein Geld!" So ging es die nächsten Tage und Wochen. Aber Meike ließ nicht locker. Sie war ja noch neu im Job und konnte sich einfach nicht vorstellen, dass die erfolgreiche Mitarbeit eines hoffnungsvollen jungen Mannes an einer solchen Kleinigkeit scheitern sollte. Der junge Mann war überrascht. Das hatte er so vielleicht noch nicht erlebt. Normalerweise vergaßen die Erwachsenen Kleinigkeiten wie diese, nachdem sie sich zwei oder drei Ausreden hatten anhören müssen. Also entschloss er sich eines Tages reinen Tisch zu machen, um endlich Ruhe zu haben.

„Hast du heute endlich das Buch dabei?!", fragte Meike also wieder und setzte nach: „Und keine Ausreden mehr!"

Sich mit einem Fuß an dem kleinen Ablagefach unter dem Schultisch abstützend und sanft mit dem Stuhl nach hinten schaukelnd beendete er nun das Thema ein für alle Mal: „Waißu Putzbach," entgegnete er gedehnt, „isch bin ainfach nich de Typ, de Bücha kauft." Damit das mal klar ist.

QUECKSILBER

Als Kind habe ich mir oft gewünscht, Abenteuer zu erleben und mal mitten in ein Verbrechen hineinzugeraten. So wie es in meinen Büchern von den 5 Freunden, Emil und seinen Detektiven oder der Schwarzen Sieben immer passierte. Ist mir aber nicht passiert. Bis ich Lehrer wurde.

Da gab es in der Praktikumszeit plötzlich große Aufregung: Indra aus der Klasse meiner Kollegin Christine machte gerade ein Betriebspraktikum in der Haspa. Und ausgerechnet ihre Filiale wurde nun überfallen und ausgeraubt. Indra war nichts passiert, aber ... bestimmt dadurch schwer schockiert oder traumatisiert, vermutete man in der Schule. Also telefonierten wir hinter Christine her, die gerade einen anderen Schüler im Praktikum besuchte. Kaum hatten wir sie erreicht, machte sie sich auf den Weg zum Tatort. Dabei überlegte sie schon mal, wie man Indra auffangen könnte. Erstmal natürlich Gespräche, nach Hause bringen vielleicht, in den nächsten Tagen schulfrei geben, weitere Gespräche mit der zuständigen Sozialpädagogin, Einschalten des Weißen Rings, ...

Als sie dann in Indras Haspa-Filiale eintraf, waren zwar viele aufgeregt, aber Indra nicht. Psychologische Betreuung? Hatte das große dunkelhaarige Mädchen verweigert, sie war total entspannt und wollte lieber weiterarbeiten. Was denn genau geschehen sei? Na ja, Bankräuber, Gesichtsmaske, Bewaffnung nicht klar zu erkennen und „Her mit dem Geld"! habe der gesagt. Indra mit am Schalter. Wie sie reagiert habe? „Ich hab zu dem gesagt: ,Soll das ein Joke sein, das meinst du doch nicht ernst!' Ich wollte nicht, dass wir ihm was geben. Aber dann sollte ich ruhig sein und nichts mehr sagen." Weitere Betreuung nicht nötig. So leicht lässt sich eben eine echte Bornerin (d.i. eine Bewohnerin des Osdorfer Borns) nicht schocken. Da war ich schon mal dicht dran am Verbrechen, aber ... leider noch nur als Zaungast.

Durch Zufall kam ich später etwas dichter an einen kriminellen Vorfall ran. Als Ozan beim freien Schreiben nicht wusste, was er tun sollte, schlug ich ihm vor, einen für ihn wichtigen Ort ganz genau zu beschreiben. Und da fiel ihm etwas ein. Dieser Ort war, so schrieb er dann, „ ... die Kantine in einer Fabrik, weil der Raum sehr groß und sehr hell ist und weil da abends keine Menschen sind. Dort gibt es eine Lagerhalle, wo Getränke, Obst, Gemüse und andere „Spar" (Supermarkt-Kette)-Artikel gelagert werden. Da parken außerdem noch viele Gabelstapler. Wir fahren meistens mit den Gabelstaplern oder spielen in der Kantine Karten." Wie bitte? Ozan geht in die 7. Klasse und fährt nachts in einer Fabrik mit Gabelstaplern? Das gibt's doch nicht! Muss ich Vater und Polizei alarmieren? Erstmal weiterlesen. Immerhin berichtet Ozan sehr genau, so wie es von mir gewünscht war. „Die Fabrik ist abends sehr unheimlich, weil es dort sehr kalt und leer ist. Man fühlt sich sehr alleine und doch beobachtet. Man hört immer Tritte und Geräusche, obwohl keine da sind. Es ist sehr unheimlich, trotzdem gehen wir rein. ... jederzeit können wir von Wachleuten erwischt werden. Am Tag arbeiten dort viele Menschen, darunter überwiegend schwarze Afrikaner oder deutsche Krawattenträger. Die Afrikaner sind immer freundlicher. Meistens vergessen sie die Tür abzuschließen und dann kommen wir leichter rein. Wir wurden noch nie erwischt. Man hat meistens ein mulmiges oder kribbeliges Gefühl im Bauch. Wenn wir ein

Geräusch hören, rennen wir meistens in Panik raus oder verstecken uns."

Meine Güte, das muss ich erstmal verdauen. Was tun? Ich spreche mehrfach lange mit Ozan über die damit verbundenen Gefahren, die Illegalität der Ausflüge und die möglichen Konsequenzen und er sichert mir zu, von diesen Ausflügen zukünftig Abstand zu nehmen. Fall aufgeklärt? Vielleicht erzählt er mir nur nichts mehr.

Einige Monate später war es dann wieder soweit. Eine ziemlich aufgeregte Physiklehrerin berichtete mir in einer Pause davon, dass mein Schüler Orhan eine große Menge Quecksilber besitze, sie schätze ca. einen Liter, und er laufe damit in der Schule herum. Oh je, Orhan hat sowieso jede Menge Unsinn im Sinn. Ich sehe ihn schon vor mir, wie er das Quecksilber in der Schule verteilt und sich über die lustigen Kügelchen freut. Ja, bestätigt er mir, das mit dem Quecksilber stimme. Das Gefäß, das er aus dem Keller seines Vaters habe, sei voll und er wolle damit Versuche machen oder es verkaufen, wenn das möglich sei. Unbedingt korrekt entsorgen, meine ich, aber davon lässt er sich nicht so leicht überzeugen. Die Gefahren – hält er für sehr gering. Sein Vater bestätigt die Existenz des Quecksilbers, meint aber, man müsse nichts tun, es sei sicher in seinem Keller verwahrt. Nein, sein Sohn habe es nicht. Doch, hat er! War ja sogar schon in der Schule damit. Sein Vater sieht aber weiter keinen Handlungsbedarf.

Dann lange Telefonate mit dem Amt für Umweltberatung. Ja, das müsse entsorgt werden, das koste ca. 90 Euro. Das werde die Familie niemals zahlen, gebe ich zu bedenken, die hätten ohnehin kaum Geld. Bitte, diese gefährliche Flüssigkeit müsse schnell umsonst entsorgt werden, sonst lande das

Quecksilber im Abwasser, im See oder auf der Pferdeweide. Nein, ohne Geld keine Entsorgung, so die unerbittliche Antwort.

Ich bin jetzt wirklich sehr besorgt und wende mich an die Polizei. Wieder die ganze Geschichte. Natürlich will Orhan auf keinen Fall Kontakt mit der Polizei. Als ich ihm davon berichte, denkt er erst, ich wolle ihn in den Jugendknast bringen, meint dann, er habe überhaupt kein Quecksilber und man könne ihm ja auch nichts nachweisen. Ich versuche, ihn zu überzeugen, versichere, dass ihm nichts passieren werde und er nur der Polizei bitte das Quecksilber aushändigen möge. Als dann während des Unterrichts 2 Polizisten erscheinen, Orhan herausbitten und der dann im Peterwagen abtransportiert wird, habe ich größte Befürchtungen. Hoffentlich geht das gut!

Bald ist er aber wieder da und wirkt glücklicherweise recht entspannt. Die Polizei hatte das Quecksilber einfach mitgenommen. Und er war sogar gelobt worden.

Wie denn das Finanzielle geregelt worden sei, erkundige ich mich dann in einem abschließenden Gespräch bei den Kollegen von der Wache noch. „Fundort 3 m nach rechts in den Kellergang verlegt (also auf öffentliches Gebiet)!", so gut gelaunt die Antwort, „dann zahlt die Stadt." Mecker' da noch mal einer über den angeblich immer so „sturen Amtsschimmel" bei den Ordnungshütern.

Nach Hauptschulabschluss und 9. Klasse verlässt Orhan die Schule, er hat anderes im Sinn, will keine Mittlere Reife mehr machen. Jahre später kommt er zu einem Klassentreffen und ich kriege ein Geschenk. Weil ich mich um ihn gekümmert habe, sagt er. Zum Abschied meint er dann: „Wenn Sie mal

Probleme haben, sagen Sie mir Bescheid, ich regel' das für Sie!" Darauf werde ich wohl eher nicht zurückgreifen, aber ich mache das Paket auf. Ein Rasierapparat mit Rasiercreme. Skurril. Noch heute rasiere ich mich mit dem Gerät.

SUBTEXT MIT GURKE

Unser Thema heute: Internationale Wirtschaftsbeziehungen. Das klingt nicht so interessant. Weit weg. Lebensweltbezug? Hm. Handel, was ist denn das? Womit wird zum Beispiel gehandelt? Vorschläge?

Gewürze? Ja, stimmt, das erinnert ihr sicherlich vom Thema Entdeckungsreisen, als wir auch über Handel sprachen. Womit wird heute außerdem noch gehandelt, landwirtschaftliche Produkte zum Beispiel. Was sind eigentlich landwirtschaftliche Produkte?

Warten, aber keine Antwort. Zu einfach? Zu abstrakt? Ja, vielleicht, das wird's sein, „Landwirtschaft" ist ein Begriff, der vielen überhaupt nichts sagt. Bauern betreiben Landwirtschaft. Was bauen die z.B. an? Da kommt eine Antwort: „Korn." „Ja, Getreide. Und was noch?" Immer noch Schweigen. Jetzt spreche ich einen Schüler direkt an. „Gurken z.B. gehören auch dazu, Karol, und…." Weiter komme ich nicht. Ohrenbetäubendes Gelächter in der Klasse. Plötzlich sind alle wach und amüsieren sich königlich. Die Worte Karol und Gurke höre ich immer wieder, aber was los ist, erfahre ich in dieser Stunde nicht. Irgendwann geht der Unterricht mit einem etwas verstörten Lehrer und etlichen fröhlichen und munter gewordenen Schülern weiter.

Ca. 2 Jahre später erfahre ich auf der Abschlussklassenreise den Hintergrund. Die Jungen in der aus 14 Nationen (bei 22 Schüler*innen) zusammengesetzten Klasse hatten sich Spitznamen, die frotzelnd bis beleidigend auf ihr jeweiliges Heimat- bzw. Herkunftsland Bezug nahmen, gegeben. Lehrer sollten davon nichts wissen, da die Schüler (zu Recht) vermuteten, dass ihr Spielchen bei diesen nicht auf Gegenliebe stoßen würde. Gegen Beleidigungen, Herabsetzung anderer, auch mögliche Ausländerfeindlichkeit, von wem gegenüber wem auch immer bei dieser Nationalitätenvielfalt, wurde in der Tat oft sehr schnell vorgegangen.

Karol hatte sich früher schon beschwert, dass Suzie „Essen und andere Dinge aus Polen" beleidigte. Ja, leider stimmte das. „Und polnisches Essen schmeckt voll eklig", hatte sie ins Beschwerdeheft geschrieben, „ich habe das schon mal probiert, und die Bonbons sind zum Kotzen!"

Der deutsche Peter bekam als Julklappgeschenk Kartoffeln und es kursierten Zeichnungen, auf denen eine große bewaffnete Person mit den Worten „Stirb, Kartoffel!" eine Pistole auf eine kleine Kartoffel richtete, die mit erhobenen Armen „Nein!" rief. Witzig?

Chen Lu schreibt bei der Übung „Was mir an mir gefällt und was nicht", ihr gefalle es nicht, dass sie Chinesin sei, „weil man immer Chin Chan Chon oder sowas sagt. Ich bin ja auch ein Mensch wie die!"

Viele Gespräche in kleinen und großen Runden haben sich dann mit diesen Themen, Toleranz und gegenseitige Akzeptanz beschäftigt.

Die Streitereien und nationalistischen Beleidigungen wurden weniger, aber es gab ohne unser Wissen, wie ich auf der Abschlussklassenreise nun erfuhr, immer noch z.B. Tai (aus Vietnam), das Reiskorn, Riccardo (aus Italien), die Nudel, Dennis (aus Deutschland), die Kartoffel, Andri (aus Albanien), den Knoblauch… und Karol (aus Polen), die **Gurke**. Und ich hatte im Unterricht die verpönte Beleidigung ihm gegenüber selbst ausgesprochen. Laut und deutlich. Armer Karol, aber er konnte ja nichts sagen.

BUNDESKANZLER

Wir haben neue Vorgaben für die Durchführung der Hauptschulprüfung bekommen. Die Schüler müssen nun in einem der Hauptfächer (meist Deutsch) für die mündliche Prüfung kein schulisches Thema mehr wählen, z.B. Interpretation von Kurzgeschichten, sondern dürfen auf ihre Praxiserfahrungen Bezug nehmen. Jeder habe ja mindestens einmal in der 8. oder 9. Klasse ein Betriebspraktikum absolviert und könne über die dabei gemachten praktischen Erfahrungen berichten, diese veranschaulichen und mit Informationen über Beruf und Berufsausbildung verbinden.

Ferhat aus meiner 9. Klasse hat sein Praktikum – gegen unseren Willen – bei seinem Vater auf der Baustelle verbracht. Ob er dabei wirklich Praxiserfahrungen gemacht hat, kann ich nicht sicher beurteilen. Schon bei unseren Praktikumsbesuchen war es nicht ganz leicht, ihn überhaupt auf einer Baustelle anzutreffen. Und so finde ich es auch nicht erstaunlich, dass er einen ziemlich einsilbigen Praktikumsbericht abgegeben hat und sich jetzt auch für seine mündliche Prüfung nicht damit auseinandersetzen mag. Er hat auch kein Hobby und trifft sich in seiner Freizeit meist mit Leuten, um „abzuhängen".

Was tun? Ferhat hat keine Lust und auch keine Idee. Er sitzt, während seine Mitschüler ihre Präsentationen vorbereiten, vor meinem Pult und verwickelt mich in Gespräche. Er überlegt, wozu Abschlüsse eigentlich nötig sind und ob sich die damit verbundene Mühe eigentlich irgendwann mal auszahlt. Schließlich kann man auf dem Bau auch so einen Job bekommen.

Nach einer Zeit des Grübelns stellt er die entscheidende Frage: „Herr Benthack, braucht man eigentlich Real für Bundeskanzler?" „Wie bitte?" „Ob man Real für Bundeskanzler braucht!" Wahrheitsgemäß antworte ich, dass das nicht zwingend erforderlich, allerdings sicherlich vorteilhaft sei für eine diesbezügliche Karriereplanung. „OK, dann mach ich Real!", verkündet er begeistert und erkundigt sich dann noch nach den Einstellungsbedingungen „für Papst".

Später geht er dann noch seinen Weg durch die Hauptschulprüfung, wobei er als Praxisthema „Kundenberatung im Handyshop" (Praxiserfahrungen bezieht er hier von seinem Onkel) wählt und macht ein Jahr später seinen „Real".

Zur Zeugnisvergabe in der Aula erscheint er im weißen Anzug und darf als Schüler mit dem ungewöhnlichsten Berufswunsch schon mal üben, spontan eine Rede zu halten. Viel Erfolg, Ferhat!

5-UHR-PIERCING

„Ich heiße Monica und bin 11 Jahre alt. Ich gehe in die 5. Klasse, habe blaue Augen und blonde Haare. Außerdem habe ich ein Lippenpiercing, ein Nasenpiercing, ein Ohrenpiercing, ein Bauchnabelpiercing, ein Oberlippenbandpiercing. Ein Zungenpiercing habe ich noch nicht." Leicht resigniert lese ich diesen Text. Das Thema Personenbeschreibung sollten die Schüler mit einem Selbstporträt beginnen. Ob die Aufgabenstellung unklar oder die Vorbereitung auf die Aufgabe misslungen war? Ich mache mich an die nächsten Texte. Einige Beschreibungen sind schon sehr gelungen, andere weniger. Dann kommt Adiles Text an die Reihe. Adile ist eine sehr gute Schülerin und ich schlage das Heft erwartungsvoll auf.

„Ich heiße Adile, bin 11 Jahre alt und gehe in die 5. Klasse der Geschwister-Scholl-Stadtteilschule. Ich habe braune Augen, dunkle Haare und kein Lippenpiercing, kein Ohrenpiercing, kein Bauchnabelpiercing, kein Oberlippenbandpiercing und auch noch kein Zungenpiercing." Fertig.

Dass sie neben Monica sitzt, ist ja nicht zu übersehen, ebenso wie die Tatsache, dass ich mich sehr darüber amüsiere und sie diese Aufgabe noch einmal machen muss.

Mir gefällt ihr trockener Witz, der hier schon durchscheint und uns später noch oft unterhalten und in manch schwieriger Situation eine Hilfe sein wird. Mit Leichtigkeit schafft Adile später das Abitur.

Eine wirklich nachdrückliche Vorstellung über die Bedeutung des Äußeren für einen Menschen vermittelt Monica mir aber erst im nächsten Schuljahr, als ich während einer Diskussion über Mode, Kosmetik und die Akzeptanz unterschiedlicher Lebensstile die Vermutung anstelle, dass sie sicher jeden Tag eine Stunde früher aufstehen müsse, um sich zu stylen.

„Wo denken Sie hin, Herr Benthack", entgegnet sie mir, „ich stehe jeden Tag um 5 Uhr auf, sonst würde ich das doch gar nicht schaffen!" Nun bin ich nicht nur ein Morgenmuffel, sondern wirklich ziemlich baff.

WIE MAN MIT EINER FRAU UMGEHT

Leider geht es bei Beschimpfungen oft sehr schnell in den Bereich des Sexuellen. Schon als ich zum ersten Mal einen Schüler (Klasse 5) zur Schulleitung brachte und erklärte, ich würde ihn jetzt nebst Meldebogen dort abgeben, erhielt ich zu meiner Verwunderung die Antwort „Ich fick den Bogen!" In Klasse 7 dann schon unangenehmer. So schreibt Sebastian: In der 7. Stunde habe ich zu Christiano gesagt, dass er seine Mutter ficken soll. Ich weiß, dass das nicht in Ordnung war, aber es gibt einen Grund, weil, als er rausgeschmissen wurde, hat er mich geschlagen, warum weiß ich nicht."

Zu Auseinandersetzungen auch zwischen den Eltern und nachfolgenden moderierten Versöhnungsgesprächen führte später dann mal folgender Dialog, der mir aus einer Nachbarklasse zugetragen wurde:

Erst Patrick zu seinem Tischnachbarn: „Du solltest mal'n bisschen Sport treiben, du fettes Walross!" Dann die Replik: „Ich bin schon im Training und ficke täglich deine Mutter!"

Ich verstehe auch Erol, der sich bei mir über Valentin beschwert. „Ich schneide deine Eier ab, zack zack!", habe der gesagt.

Jungen haben es wirklich auch schwer. „Dieses Wort bedeutet Mutterficker", schreibt Nobby aus Klasse 7, „ich sprech' auch keinen mit dem Wort an. ... Es kommt aus dem Englischen. Ich bin wahrscheinlich nicht der einzige, der das Wort benutzt." Nein bestimmt nicht. Erol denkt auch darüber nach: „Ich darf das Wort nicht sagen, ich habe damit seine Gefühle verletzt. Es tut mir auch leid. Aber unter Freunden macht man das, es ist heutzutage schon Alltag geworden, da kann man ja nix dafür." Und später ergänzt er: „Ich habe mein Versprechen gebrochen, weil ich „Lutscher" gesagt habe. Aber manchmal lassen sie einem keine Wahl, ich habe natürlich versucht mich zu beherrschen, aber ... ging nicht."

Doch nicht nur Probleme mit der Wortwahl, auch der Umgang mit dem anderen Geschlecht führt zu Problemen. In der 6. Klasse berichtet Oscar von seinem Leid: „Die Mädchen sagen jedes Mal, wenn ein Junge vorbeikommt ‚Oh God' ... und dann schlagen, treten und kneifen sie uns. Albert ist so

etwas passiert und Sie, Herr Benthack, glauben es uns nicht."
Da muss was dran sein, denn Zoltan bestätigt es: „Die
Mädchen sagen immer, wenn ein Junge mit ihnen spricht
‚Igitt' oder ‚Du bist voll pervers' oder ‚Oh God'. Und wenn
wir das zurücksagen, dann hauen und treten sie uns und
wenn wir sie zurückhauen, dann verpetzen sie uns und wir
bekommen den Ärger."

Aber die Mädchen beschweren sich auch. „Hallo Frau Ehlers
und Herr Benthack", schreiben mit freundlichen Grüßen
Gizem, Tuce und Anette, „Phil und Stefan reden über unsere
Möpse und die schreiben ‚können wir eure Möpse anfassen'.
Wir finden es gemein. Wir möchten mit Herrn Benthack
reden. Damit nicht die Klasse alles mitbekommt." OK. Und
dann auch noch Verena. Sie schreibt in unser
Mitteilungsbuch: „Immer wenn wir Schluss und Pause
haben, hauen sie uns und begrapschen uns. Sie hören nie auf
damit."

Alle 2 Schuljahre steht dann Sexualkunde im Rahmenplan,
aber wenn es wichtig ist wie hier, beschäftigt uns das Thema
auch zwischendurch. „Freundschaft und Liebe" haben wir es
in Jahrgang 6 genannt.

Das Vorwissen ist breit gestreut, einige interessiert das Ganze gar nicht, sie wollen nichts damit zu tun haben, andere finden es überflüssig, da ohnehin alles bekannt und bereits in der Grundschule besprochen sei oder wollen alles, was sie wissen oder zu wissen vermuten, sofort loswerden. Manche sehen bei diesem Thema auch die Möglichkeit mit speziellem Vokabular zu beeindrucken und ggf. andere zu beleidigen.

So meinte Anton ganz spontan: „Ja, Sexualkunde, ich möchte Sexualkunde mit einem Mädchen machen ahh, aah, aaaah!" Großes Gelächter, aber so läuft es nicht.

Was ist noch Spaß, wo hört der Spaß auf? Menschen sind unterschiedlich und haben auch unterschiedliche Grenzen, die wir wahrnehmen und akzeptieren müssen. In der Klasse hängen nun auch Umrisszeichnungen von Mädchen und Jungen, wo alle farbig eingezeichnet haben, was ihre Tabuzonen sind, wo sie nicht angefasst werden möchten. Wir sprechen darüber, wie es sich anfühlt, wenn Tabus verletzt werden und spielen in kleinen Szenen, wie man sich dagegen wehren kann.

Bei der örtlichen Bücherhalle habe ich einen Klassensatz Jugend - Sachbücher zum Thema ausgeliehen, die sich alle durchsehen dürfen. Dann spielen wir „Fragen an Dr. Sommer". Da dürfen zuerst alle möglichen Fragen zum Thema aufgeschrieben werden, die dann von sog. „Dr. – Sommer - Teams" mit Hilfe der vorhandenen Literatur beantwortet werden. Dabei erlebt man einige Überraschungen.

„Was ist der Unterschied zwischen Sex und Ficken?" möchte da jemand wissen und erhält eine schöne Antwort: „Weißt du, es ist ja wohl klar, dass man beim Ficken richtig loslegen kann, und beim Sex darfst du nur 20 km/h schnell, deswegen ist beides bumsen." Auch die Frage „Warum braucht man beim Sex einen Orgasmus?" erfährt eine profunde Beantwortung: „Weil es mehr Spaß macht!" und auch „Was ist ein Okasmos?" wird trotz nicht ganz gelungener Schreibweise korrekt beantwortet: „Das ist der Höhepunkt der sexuellen Lust für Frauen und Männer." Einer möchte auch wissen, „ob sich Männer gegenseitig befruchten können". Auch hier stimmt die Antwort: „Nein, weil die Männer keinen Eierstock haben."

Dass sich leider kein Team den Fragen „Was muss man als erstes tun?", „Wer hat Sex erfunden?" und „Woher weiß man, wie Sex geht?" widmet, ist dann natürlich bedauerlich, dafür erfahren wir aber „Wie man mit einer Frau umgeht", nämlich „sanft, man muss sie mit Samthandschuhen anfassen!". Und das „Vorspiel beim Sex gibt es", weil „es anregt und erotisch ist." Und während dann auch die Fragen „Warum stöhnt man beim Ficken?" (Antwort: „weil es anregt") und „Wie lange dauert Sex?" (Antwort: „So lange man will") präzise beantwortet werden, müssen die Dr. - Sommer - Teams bei anderen Fragen die Antwort schuldig bleiben, weil der Lehrer diese Fragen aussortiert hat: „Warum ficken eigentlich manche Bosse ihre Sekretärinnen?" oder „Warum ficken die meisten Leute während der Fahrt?" Das weiß ich auch nicht. Dafür mache ich mir mal wieder Gedanken über den Film- und Videokonsum mancher Schüler.

SCHWIERIGKEITEN

Niedlich finde ich immer die Versuche von Schülern, sich mit gewagten Argumentationsketten aus Schwierigkeiten herauszulavieren. So ist Tobias z.B. beim Kokeln im Schulgebäude erwischt worden, kann das aber erklären: „ … bevor wir die Pausenhalle verlassen haben, habe ich etwas in den Mülleimer geschmissen, danach hatte ich meine Taschen durchsucht, ob ich noch Müll habe. Dabei habe ich bemerkt, dass ich ein Feuerzeug dabei habe und ich habe es herausgeholt und einmal zum Test, ob es noch geht, einmal angemacht. In diesem Augenblick kam eine Lehrerin und hat mir das Feuerzeug abgenommen, denn das Feuerzeug war zu nah an der Tüte und die Tüte ist ein wenig angebrannt." Armer Tobi, er wurde immer erwischt, egal ob im Mädchenklo oder nachdem er eine Kollegin am Galgen hängend an die Tafel gezeichnet hatte und sich damit wieder großen Ärger einhandelte.

Aber er kann erklären, wofür der Name der Geschwister-Scholl-Stadtteilschule steht: „… für Freiheit, die man haben sollte, egal ob groß oder klein, dick oder dünn, hell oder dunkelhäutig oder was für ein Glauben. Der Name steht auch für „Mut", den man haben sollte, um … in jeder Situation seine Meinung frei zu äußern. Er steht auch für „Gemeinschaft", … denn ohne sie kann die heutige Welt nicht funktionieren und wir würden uns zu Grunde richten." Da hat er wirklich Recht.

Auch Witze können Probleme machen. „Der Witz war folgender", reflektiert Buhan sein Verhalten, „wir protestieren auf allen Vieren, die Lehrer werden gehängt, die Lehrerinnen gesprengt, Frau Rust erschossen, die Schüler haben's genossen. Für alle, die das nicht witzig finden, entschuldige ich mich, weil die Lehrer auch nicht Witze über uns machen. Aber hätten sie Witze über uns gemacht, dann würden wir anders über sie denken. ... Ich finde diesen Witz auch nicht witzig."

Den richtigen Umgang mit der Wahrheit zu finden, das ist auch nicht einfach. Ist es eigentlich gepetzt, wenn man sagt, wer die Festplatte aus dem PC ausgebaut hat, so dass den niemand mehr benutzten kann? Oder wenn man einen verrät, der einem Mitschüler Geld gestohlen hat? Steht man immer zu seinen Freunden? Lügt man auch für sie? Mit Ender habe ich schon oft darüber gesprochen, aber er ist noch auf der Suche und schreibt: „... und lügen sollte man, wenn es eine schlimme Sache ist, dann kriegt man keinen Ärger. Und wenn es um Freunde geht, ... aber nicht so oft. Wenn man Angst hat vor etwas, sollte man auch lügen. Die Wahrheit sollte man sagen, wenn es nicht so eine schlimme Sache ist, und wenn man sicher ist, dass man keinen Ärger kriegt. Denn dann baut sich das Vertrauen vom Lehrer wieder auf." Da ist Ender nun wirklich sehr offen und ehrlich. Auch das sind Fortschritte. Das Thema werde ich mit ihm (und anderen) in den nächsten Jahren sicher ab und zu nochmal erörtern.

Auch der Umgang mit dem Begriff „Behinderter" ist schwierig. „Man darf es nicht mehr sagen, weil das eine Beleidigung ist." Ich sage immer, dieser Begriff wird beleidigend verwendet, aber das ist wohl zu kompliziert. Immerhin stellt Erginbay aber fest: „Man sagt ja auch nicht mehr Neger. Weil das die Schwarzen aufregt." Hm, so stimmt es auch nicht ganz. „Heutzutage ist Behinderter ein Wort, das man gar nicht so meint, wie das heißt, aber auch in Ordnung, dass man das nicht sagen darf." Das ist ja sehr großzügig! „Heutzutage ist das Wort Behinderter Umgangssprache geworden, man nimmt es gar nicht ernst." Und das sollst du lernen, Erginbay! „Aber es tut mir leid, dass ich das Wort benutzt habe." Immerhin. Fortschritte erkennbar.

Von Schwierigkeiten mit meinen Schülern schreibt mir auch mein Kollege Herr Tandler: „Marco forderte mich auf, die Klassentür aufzuschließen. Da ich nicht reagierte bzw. keine Zeit hatte zu reagieren, hörte ich von Oleg, der neben ihm stand, das Wort ‚Hurensohn'. Er streitet das ab." Ja und? Was soll ich nun mit dieser Info? „... Nur zu deiner Information." Ach so.

Schwierigkeiten immer wieder auch im Vertretungsunterricht. Auch in meiner Klasse. Letzten Monat schrieb mir Kollegin Hoenig: „David und Alexej mussten den Unterricht wegen einer Rangelei verlassen. Marco nutzte die Gelegenheit, um mit einem Tisch zu randalieren. Aus Sicherheitsgründen konnte er ebenfalls nicht mehr am Chemieunterricht teilnehmen."

Und dann das, in meiner damaligen Lieblingsklasse, in der ich sehr gerne unterrichtete. Was war da bloß los? Die Vertretungslehrerin ließ mir einen schriftlichen Bericht zukommen: „Die Schüler*innen waren erst nach und mit Diskussionen bereit ihre Namen für einen Sitzplan zu nennen, ... pöbelten abwechselnd während der gesamten Stunde sich gegenseitig und mich an, oder pöbelten einfach unmotiviert in den Klassenraum. ... Arbeit … war durch das permanente verbale Stören, Musik anstellen, Werfen mit

Papierkugeln fast unmöglich. Ich schickte einige jeweils einzeln vor die Tür und versuchte, sie mit ihrem Verhalten zu konfrontieren. Ich sagte der Gruppe an, dass ich Klassenlehrer und Abteilungsleiterin Bericht geben würde und machte mir Notizen zu einzelnen Schülern auf dem erstellten Sitzplan. Als ich ... in die Klasse zurückkam, fehlte dieser Sitzplan mit den Notizen. Die Gruppe war in wildem Durcheinander empört, dass ich sie beschuldigte meinen Zettel weggenommen zu haben ... Ich holte die Abteilungsleiterin zu Hilfe. Der Vorfall konnte nicht aufgeklärt werden. " Wurde er dann aber doch.

Und dann heute wieder so etwas. Wieder Mitteilungen eines Vertretungslehrers, hier auszugsweise zitiert: „ ...malen Bilder ... verlassen die Klasse ... lehnen sich aus dem Fenster ... arbeiten nicht ... klopfen, we will rock you' ... wird mit Stift beworfen, ich dann auch ... frech ... vor die Tür ... **DIESE STUNDE WAR EINE ZUMUTUNG!"**

Der als „streng" bekannte Kollege schreibt mir das wütend und ich gerate dann sogar in Streit mit ihm, weil ich mich zwar um Konsequenzen kümmern, aber nicht ausschließlich den Schülern die Schuld für dieses Desaster geben will. Dann ist die Pause zu Ende und wir sind jetzt auch noch zu einem Interview geladen zum Thema „Erziehende Pädagogik". Eigentlich mögen wir uns, aber im Moment ... Und dann dieses Thema ... Das Interview wird zwar abgedruckt, aber ich finde unsere Äußerungen unkonzentriert und wenig inspirierend. Wer rechnet denn auch mit sowas?

GIPS

Eine Zeitlang stand bei uns an der Tafel die ungewöhnliche Buchstabenfolge „Walla kain Gips!" und sorgte für große Freude. Eine Kollegin hatte mal mitgeschrieben, was einer der Schüler statt „...weil es das nicht gibt" von sich gegeben hatte. Ein mahnendes Beispiel gegen die nachlässige Verwendung von Sprache und später gern für Ausreden aller Art gebraucht. „Warum hast du dein Arbeitsmaterial heute nicht dabei?" „Walla kain Gips, Herr Benthack!" Sie wissen schon, wie sie mir eine Freude bereiten können.

Überhaupt, „Es gibt's" (gesprochen: es giebs) gibt's ja nicht, obwohl es „das gibt's" durchaus gibt und man das alles eigentlich auch leicht verdeutlichen kann. Aber abgewöhnen kann man es sich (fast) nicht, allen Erklärungen und Berichtigungen zum Trotz. Und „Es gibt's heute nichts Leckeres", „Es gibt's drei Möglichkeiten: ..." oder gar „Es gibt's nichts Gutes, außer man ..." – das klingt doch nicht.

Auch die Präpositionen sind ja bekanntermaßen sehr unbeliebt geworden. Normalerweise geht man Aldi oder bei Aldi oder fährt heute Abend „meine Oma". Letztens meinte ich zu einer jungen Kollegin: „Ich geh schon mal Pausenhalle und…" erntete erstmal mitleidige Blicke. Aber wir geben nicht auf.

Meinen privaten Kampf gegen das apostrophierte „s" behalte ich außerdem unbeirrt bei. Conny's Milchbar, Harry's Blumenstübchen, Herrn Benthack's Jacke, Ladie's night, men's (!) Health usw. usw. Ein solcher Fall von kollektiver

Übergeneralisierung einer einzigen aus dem Englischunterricht auf alle Lebenslagen übertragenen Regel ist m.E. einzigartig. Jetzt hab ich auch schon viele Pony's, „Wir kaufen Auto's", leckere Drink's und sogar nicht's gesehen. Warum mich das nervt?

Walla kain Gips.

ALLTAG

ACHT STUNDEN SCHULE MIT NÄGELN UND NILPFERD

Fröhlich betrete ich um 7.50 Uhr das Schulgebäude und, nachdem ich mich dahin durchgedrängelt habe, auch das Lehrerzimmer. Die Kolleg*innen stehen Schlange, kopieren, leeren ihre Postfächer und entnehmen den verschiedenen digitalen Informationsmedien erhellende oder verstörende Nachrichten. Bleibt Zeit für kurze Begrüßungen und Gespräche. „Thomas", meint meine Kollegin Helga, „du musst dringend mit Sultan sprechen! So geht das nicht. Gestern im Arbeitslehre - Kurs hat sie sich zum Schluss geweigert, mit Vaseline verschmierte Teller abzuwaschen. Wir haben mit Gipsbinden gearbeitet!" „Ich muss zu Hause schon so viel fegen!'", habe Sultan das begründet. „Ja, ich sprech' mit ihr", erwidere ich, aber ich kenne Sultan noch gar nicht lange, habe sie gerade mit einer 10. Klasse neu übernommen, nachdem die vorhergehende Klassenlehrerin die Schule gewechselt hat. Aber erstmal in den Unterricht.

Nach mir kommt Steffi in die Klasse gestürzt. „Du Hurensohn!!" schreit sie wütend Claudi an. Das sieht ja nicht nach friedlichem Unterrichtsbeginn aus. Ich rufe sie zu mir. Unwillig kommt sie angetrabt. Und auf meine Kritik an dieser Beleidigung folgt eine Reihe von Rechtfertigungen, die von einiger argumentativer Erfahrung zeugen: „Das war nur Spaß!" „Nein, das war kein Spaß. Überhaupt nicht lustig." Na gut. Dann eben anders: „Sie hat mich vorher beleidigt!" „Das ist trotzdem kein Grund!" Also ein neues Argument: „Ich kann sie ja gar nicht beleidigt haben, sie ist ja eine Frau!"

Genau, das ist die Art von geistiger Flexibilität, die wir uns wünschen. Aber jetzt endlich Unterricht .

Biologie. Evolutionslehre. Wie das Leben entstanden ist? Ganz klar, das war Gott, er hat Adam und Eva erschaffen. Wie bitte? Andere Meinungen in der Klasse? Keine Meldungen. Das ist eine 10. Klasse! Sowas habe ich bis jetzt noch nicht erlebt. Mein Hinweis auf die Entwicklung der Lebewesen, die im Unterricht betrachteten Fossilienfunde und die Möglichkeiten, deren Alter zu bestimmen, verpufft. „Trotzdem, das muss ja nicht stimmen!" „Und, Herr Benthack, sagen sie mal selbst, sonst würde in der Bibel doch nicht stehen, dass der 7. Tag Gottes Ruhetag war!"

Diese Logik kann ich aber leider nicht ganz nachvollziehen und bleibe erstmal bei der naturwissenschaftlichen Argumentation. Da werde ich wohl noch einiges zu tun haben und versuche es mal so: „Diese Erkenntnisse widersprechen doch nicht dem Gottesglauben, die Schöpfungsgeschichte kann man als ein Bild für die Entwicklungsgeschichte der Lebewesen auf der Erde sehen." Nein, das sei kein Bild für etwas, sondern wirklich so gewesen. So stünde es sowohl in der Bibel, als auch im Koran. „Herr Benthack, an was glauben Sie eigentlich?"

Einige haben da wohl eine Vermutung und in diesem Moment glaube ich, dass sie den Himmel sich über mir öffnen sehen und ..., na besser nicht dran denken. Ich blicke nach rechts und erschrecke: eine kollabierende oder im Gesicht schwerverletzte Schülerin, die seelenruhig neben mir sitzt? Ich muss genauer hinsehen. Nein, das ist ... „Was machst du denn da?", frage ich und erkenne in diesem Moment so etwas wie Formklammern für Wimpern, die Miracle an ihren Augen angebracht hat, an zwei kleinen

Griffen festhält und mit denen sie irgendwie ihre Wimpern in Form zu bringen versucht. Jetzt aber ruhig bleiben, die Kosmetikstunde gegen allerlei Argumente („Macht doch nichts, bin doch gleich fertig!") beenden und weiter im Text. Da komme ich dann wieder auf das Verhältnis zwischen wissenschaftlichen Erkenntnissen und Glauben, Toleranz und die Notwendigkeit der Akzeptanz anderer Glaubensvorstellungen zu sprechen.

Zum Beispiel habe das Christentum da eine unselige Vergangenheit in Bezug auf Protestanten und Katholiken und „Genau!", fällt mir Kimi wissend ins Wort, „Das war doch dieser Lutter Matthäus!" Aber abgesehen von solchen Kleinigkeiten sind wir nun wieder einer Meinung. „Wir haben doch nichts gegeneinander, Herr Benthack! Wir machen uns damit nicht an." „Von mir aus kannst du an dein(en) Jesus glauben", meint wie zum Beweis Adile zu Steffi und die erwidert: „Ich beleidige ja auch nicht dein(en) Muhammed Ali!" „Wieso, das is' doch `n Boxer!" Und Steffi darauf: „Is' doch auch egal!" Es läutet und alle gehen angeregt diskutierend in die Pause.

In der OZ spreche ich Sultan auf ihre gestrige Putzverweigerung an. Begeistert streckt sie mir ihre Finger entgegen: „Kann ich doch gar nicht! Ich hab Nägel! " Siegerlächeln auf ihrem Gesicht. „Damit kann man nicht putzen!" Allerdings! Diese Nägel hatte ich bisher übersehen, schreiben lässt sich damit wohl auch nicht, aber - mit einer speziellen Technik - die Handytastatur bedienen.

Anschließend Weimarer Republik. Die Verfassung. Was bedeuten eigentlich „Unverletzlichkeit der Wohnung" oder „menschenwürdige Behandlung"? Zum Beispiel im Gefängnis. Ist der Entzug eines Fernsehers menschenunwürdig? Schlafen auf hartem Boden? Essensqualität? Einzelhaft? Was bedeuten Glaubens- und Meinungsfreiheit praktisch? Kein Medienwechsel, keine Arbeitsgruppen ... Zum Schluss entschuldige ich mich für die möglicherweise etwas langweilige Stunde, aber „ihr könnt ruhig mal ein bisschen stolz sein auf unsere Verfassung!" Da werden sie nochmal richtig munter: „Nein!", heißt es da entschieden von Seiten meiner Schüler*innen (fast alle mit „Migrationshintergrund") „Herr Benthack, gar nicht langweilig! Wir lieben dieses Land! Wir haben hier so viele Rechte. Die Verfassung ist richtig gut!" Ab in die Pause. Ich trage im Klassenbuch ein: „Schüler zu Verfassungspatrioten gemacht." Finde mich witzig dabei. Aber schade, liest ja keiner.

In meiner Tasche ein Stapel Klassenarbeiten. Muss ich heute zurückgeben. Darin befinden sich Schülerirrtümer, über die man angesichts des bedrückenden Themas „Nationalsozialismus und 2. Weltkrieg" eigentlich kaum lachen möchte. Aber da man erfährt Näheres über das Privatleben von General Paulus während der Belagerung von Stalingrad: „Hitler verbot General Paulus zu kopulieren. ... Später kopulierte General Paulus dann aber trotzdem."

In der nächsten Stunde wird die mündliche Prüfung in Deutsch vorbereitet. Vier Gruppen arbeiten in verschiedenen Räumen. Ich gehe herum und gebe Hilfestellung. Im dritten Raum eine fröhliche Mädchenrunde. Ob die überhaupt etwas tun? Ah, da liegen ja einige dürftig beschriebene Blätter. Aber bei Sultan sehe ich nichts. Sie hat nur alle ihre Schminkutensilien ausgepackt und auf dem Tisch ordentlich nebeneinander aufgereiht. „Sultan, ich glaube, du hast noch gar nichts getan!" Das hört sie nicht zum ersten Mal. Aber sie strahlt mich an und einen Augenblick denke ich, ich hätte etwas übersehen. „Doch!", ruft sie und hält einen Zettel hoch. Es steht zwar nichts drauf, aber ... „Ich hab ihn in zwei Hälften zerrissen." Humor hat sie ja.

In der Pause fange ich schon mal an, die Eintragungen in die 5-Minuten-Schreibhefte zu lesen. „Ich weiß nicht, warum Sie bei mir anrufen wollen," schreibt da Vera, die in letzter Zeit kaum noch ihre Hausaufgaben gemacht hat und auch ziemlich abwesend gewirkt hat, „… Ich weiß einfach nicht mehr weiter, ich glaube, wenn ich meine Gefühle jemandem zeige, das interessiert gar keinen. Selbstmord, ich weiß nicht. Meine Mum soll mich verstehen, ... um meine Probleme wird sich nicht gekümmert, es heißt nur, ich bin verrückt, ich spinne usw ... Ich will nicht mit einer Psychologin reden. ..." Oje, damit hatte ich nicht gerechnet. Ich überlege, was ich tun soll, ...

Aber erstmal ist da ja noch der Arbeitslehreunterricht in Klasse 9 bis 15.15 Uhr. Später fällt mir für Vera aber doch etwas ein und sie wird dann auch mit den Schwierigkeiten fertig und macht noch einen guten Schulabschluss. Der Arbeitslehreunterricht aber bringt mich heute leider schnell an meine Grenzen und ich muss den fortwährend laut und mit großem Gefallen an Repetition „Fotze!!! Schwanz!!!" rufenden Teoman zur Schulleitung verfrachten, weil ich mir anders nicht mehr zu helfen weiß. Zuständige Personen sind aber leider abwesend, das anwesende Schulleitungsmitglied meint mir auch nicht weiterhelfen zu können. „Nee, Clara (Abteilungsleiterin) ist grad nicht da, tut mir leid, da kann ich nichts machen!" Ich glaub es nicht. Teoman muss ich wieder mit in den Unterricht nehmen. Da gibt es wohl heute keine Lösung. Und Teoman macht unverdrossen weiter, geht auch nicht nach Hause, als ich ihn dazu auffordere. Andere mit dem „Fall Teoman" befasste Personen sind nicht zu erreichen und ich muss natürlich die Klasse betreuen und irgendwie weitermachen. „Fotze! Schwanz!" Usw. So etwas dürfte es eigentlich nicht geben. Gibt es aber doch. Zum Glück ist heute aber wegen einer Konferenz etwas früher Schluss. Also noch kurz den Reinigungsdienst organisiert, alle verabschiedet und ... nur noch die Deutschkonferenz.

Auf dieser erfahren wir viel und das Wichtigste von diesem verkündet die Fachvertreterin (die neuerdings Fachleitung heißt) zum Schluss: „Und dann haben wir den HSP wieder reinbekommen, ihr könnt ihn euch bei mir abholen." Etliche Kolleg*innen rätseln, einige nicken verstehend. „Ist das wieder dieses ‚Frühstücksei und der Polizist?'", bricht es da aus Monika heraus, die schon fast so lange an der Schule ist wie ich, „dieses ‚Wenn man dem Mann nicht trauen kann, wem denn dann? (Setze die fehlenden m und n richtig ein!)" Ja, das isses. Da knackt sogar ein Polizist ein Fahrradschloss. Und der Briefträger hat ein Päckchen vergessen. Die Hamburger Schreibprobe (HSP). Haben wir unzählige Male diktiert und durchgesehen. Immer derselbe Text zur Feststellung der Rechtschreibfähigkeit und ggf. Förderbedürftigkeit, seit Jahren. Immer wieder. Mit Auswertung, nach langen Jahren der Handarbeit jetzt digital. Wir dürfen die Wörter nicht üben, aber die Schüler müssen diese Texte immer wieder schreiben. Der Verfasser hat damit ausgesorgt, glaube ich, für immer, wahrscheinlich bekommen seine Enkel noch Tantiemen. Aber warum stöhnt darin immer eine Sekretärin - und: Warum Ärztin und Nilpferd, verletztes Nilpferd sogar? Ich kriege einen Lachanfall und meine jungen Kolleg*innen sehen mich irritiert an. Was sie nicht wussten: Jahrzehntelang Frühstücksei und Polizist, dazu haben sie sich bei Dienstantritt verpflichtet.

ACHT STUNDEN SCHULE MIT SCHÖNHEIT, SCHUH UND SAUERLAND

Vor Stundenbeginn erfahre ich im Lehrerzimmer, dass eine meiner Schülerinnen gestern bei der Abstimmung über den besten Text im 9. Jahrgang den 2. Platz gemacht hat. Ich bin erstaunt. Immerhin, es ist Lyrik, Borner Lyrik. Und das Versmaß stimmt, ich habe nur „Sofa" durch „Schrank" ersetzt. Das Gedicht heißt

„Mein Schuh" und lautet wie folgt:

Mein Schuh flog durch die Gegend,
die Schwester warf ihn weg.
Ich fand ihn danach wieder,
hinterm Schrank im Dreck.

Der Schuh war mir sehr wichtig,
ich putz ihn wieder blank.
Jetzt wird die Olle sehen,
ich schlag sie richtig krank.

Respekt!

In der ersten Stunde Biologie in Klasse 10. Schnell schon mal vor Stundenbeginn den Stundenverlauf an die Tafel schreiben – da kommen die Schüler auch schon rein. Kaum sehe ich mich um, liegen Markus und Ilona auch schon rangelnd auf dem Boden. Was sich neckt, das liebt sich zwar, aber nachdem ich den beiden daraufhin weit auseinander liegende Plätze zugeteilt habe, geht Markus. Er fühlt sich ungerecht behandelt. „Markus bleib bitte hier, du darfst nicht einfach den Unterricht verlassen, du weißt, das zählt wie eine G 6 (die schlechteste Note auf der Stadtteilschule)", gebe ich ihm noch mit auf den Weg. Aber das ist ihm egal. Und er hat noch „Markus, der Boss" an der Tafel vermerkt, wie ich feststelle, als ich mich dieser wieder zuwende. Naja, aber sonst alles OK.

Danach Profilunterricht in meiner 10. Klasse. Wir bereiten die Klassenreise nach Prag vor und die Schüler sitzen alle vor PCs, suchen Sehenswürdigkeiten heraus, die dann von ihnen vorgestellt werden sollen. Özlem, schick wie immer, ruft mich zu sich. Sie hat ein sehr romantisches Bild von der Karlsbrücke bei Nacht gefunden. „Herr Benthack", fragt sie, „ist das in Prag?" Ich bestätige. „Sieht das da wirklich so aus?" „Ja, schon, wenn's nicht gerade regnet..." „Sieht ja voll schön aus!" Sie vergrößert das Bild, betrachtet es eine Weile und meint dann: „Also, wenn wir da sind, mach ich da Selfies. ... Ich auf der Brücke..." Und dann staunend: „Herr Benthack! So viel Schönheit auf einem Bild ...!" Vergnügt lächle ich in mich hinein, freue mich auf die Klassenreise und gehe in die Pause.

Da erfahre ich, dass ich statt einer Freistunde Vertretung in einer anderen 10. Klasse habe. Vor der wurde ich schon einmal gewarnt, müde und lustlos seien sie da alle und meistens sehr unfreundlich.

Als ich reinkomme, herrscht aber lebhafte Aktivität, selbst organisiert. Ich setze mich an einen der freien Tische und schaue zu. Sie scheinen ein Spiel zu spielen, das ungefähr so funktioniert: Zwei Schüler gehen hinaus, die anderen rufen Wörter in die Klasse, die erraten werden sollen.

Dann wird ein Wort ausgewählt und an die Tafel geschrieben, die beiden vor der Tür kommen wieder rein, nur einer kriegt das Wort zu sehen und gibt dann dem anderen Hinweise, damit der es errät. Möglichst schnell, sie messen die Zeit. Welche Zwei sind am schnellsten? Nur 3, 4 Schüler*innen scheinen etwas müde zu sein, sie hängen regungslos an den Tischen, gucken teilnahmslos in die Gegend oder schlafen. Der Rest beteiligt sich begeistert. Es geht unheimlich schnell, erst komme ich gar nicht mit, verstehe Insider-Witze nicht und die Hinweise oft auch nicht. Das Spiel entwickelt eine Rasanz, egal was gesagt wird, schlau oder sehr viel weniger schlau, alles wird freudig aufgenommen, kommentiert, teilweise durchaus ironisch oder selbstironisch, Wissen wird genauso beiläufig kommentiert wie Unwissen. Das Spiel wird mit einer solchen Inbrunst gespielt, dass man meinen könnte, es ginge um etwas, aber es geht nur um die Zeit bis zum Klingeln und es macht Spaß. Offensichtlich. Das muss ich mitschreiben, sonst vergesse ich das wieder. „Leute, es ist ja total lustig bei euch!", sage ich und habe jetzt viel zu spät eine Idee, „Könnt ihr mir mal Zettel und Stift geben?" Das Gewünschte wird mir gereicht, dass ich dann mitschreibe, rührt und kümmert niemanden.

Der Begriff: Sonnensystem. Der Hinweis: „Also da gibt's so Universum. Was gib's da?" „Mond!" „Und was gib's da noch? Was noch!?" „Diggah, keine Ahnung!"

Neues Spiel. Begriff: Kiel. Hinweis „Hamburg is hier und was is oben?" „Wo oben?" „Auf der Landkarte!" „Aller ich schwör, ich hab mir noch nie sonne Landkarte angeguckt!"

Neues Spiel. Erstmal einen Begriff finden. „Können wir eine Stadt nehmen??" Vorschlag: „Sauerland!" Abgelehnt. Neuer Vorschlag: „Äquivalenzumformung." „Aller, was das und wie wird das geschrieben??" Also lieber „Stammbaum". Hinweis: „Was sind die grünen Dinger da unten?" „Bäume!" „Und was sind die Dinger da unten?" „Wurzeln?" „Aller nein, Baum unten weg!" Das versteht niemand, also leider keine richtige Lösung.

Dafür ein neuer Begriff. „Sollen wir ein Bundesland nehmen?" Nachfrage: „Ja, aber welches?" Antwort: „Woher soll ich das wissen?" Andere Antwort: „Saarbrücken, Sauerland!" OK, Saarland. Dann der Hinweis: „Hey, was ist das erste Bundesland?" „Keine Ahnung." „Also, wenn wir Stadt, Land, Fluss spielen, nimmst du das als Land, aber ist keins!" „Dänemark?" „Nein, ist ganz klein, an der Grenze zu Frankreich!" „Kiel?"

Neues Wort: „Wir nehmen ein Wort, auf das niemand kommen wird: „Abiturient!" „OK, aber wie wird das geschrieben?"

Neuer Begriff. „Geh Kühe melken!" Hinweis: „Was sagen wir immer über Sandra?" „KP (Keine Peilung bzw. kein Plan)" „Neuer Hinweis: „OK, was macht meine Mutter?" „Kühe melken!" Richtig! Aber wieso? Jetzt bei mir KP.

Zum Schluss muss ich auch noch raten, leider ist die Stunde dann zu Ende und ich gehe gut gelaunt durch die Pausenhalle zum Lehrerzimmer.

Dort erzählt meine Kollegin Clara mir von dem Wunsch, den gerade eine Schülerin an sie gerichtet habe: „Rufen Sie bitte vor 17 Uhr an, danach ist meine Mutter besoffen."

Das ist so traurig und da hilft auch die kleine Broschüre der Behörde, die auf meinem Tisch liegt, nicht wirklich. Tipp Nr. 9 lautet da ganz einfach: „Probleme vermeiden"! Danke für den Hinweis, dann versuche ich es mal so. Mein Teamkollege Alexander und ich stellen die kleine Broschüre aufgeschlagen an unserem Arbeitsplatz auf und schauen immer wieder gern drauf, wenn mal etwas schwierig wird.

Dann noch Klassenrat. 4 Schüler*innen haben den vorbereitet. Thema: „Frau Kohn soll nicht mehr bei uns vertreten, weil sie frech ist (wir mögen sie nicht)." Frech? Das ist schon ziemlich lustig, Frau Kohn wird das sicher ganz anders sehen. Und die Vertretungslehrer*innen werden sie sich wohl auch zukünftig nicht aussuchen können.

Aber was, wenn das Problem ernst zu sein scheint? Einerseits weiß ich, dass die Schüler oft übertreiben, andererseits wohl auch nicht immer. Da geht es z.B. um die Chemielehrerin. Urteil der Klasse:

+ Ist meistens ausgefallen und unruhig gewesen. + Man konnte überhaupt nichts lernen. + In Chemie war alles schlecht. + Sie schreibt so klein an die Tafel, dass wir es nicht lesen können. + Sie schmeißt Kinder aus der Klasse, die ihren Stift aufheben. + Ehrlich gesagt habe ich nichts gelernt. + Chemie war nicht so gut, weil Frau Briegel die meiste Zeit uns anschreit.

Oder der Sportlehrer, er gebe „unfaire" Noten, sei gemein und „unkommunizierbar". Man könne mit ihm nicht reden, wird mir das erläutert. Er beleidige die Schüler, spreche immer absichtlich ihre Namen falsch aus und überhaupt, ein neuer Sportlehrer, genauer gesagt eine Sportlehrerin solle her, möglichst schnell.

Puh, das kann ich nicht ignorieren. Was tun? Gespräche? Im Klassenrat mit der ganzen Klasse? Brief mit Verbesserungsvorschlägen bzw. Wünschen der Klasse an die Kollegin/den Kollegen und umgekehrt? ... Es gibt viele Möglichkeiten. Ich werde mal sondieren.

Noch schlimmer ist es, wenn ich von vielen Schülerinnen ähnliche Beschwerden höre und so etwas lese: „Es war eine schreckliche Zeit mit dem Lehrer Herr Winter. Er ist so scheiße!!! Er hat uns nie geholfen. Er hat uns meistens nur angeschrien. Herr Winter war ein sehr sehr strenger Lehrer, ich hoffe, dass ich ihn nie mehr sehen muss. In einem Wort, er war einfach der beschissenste Lehrer auf der Schule!!!! Ich würde ihm K.B. als Note geben!" Und wenn dieser Kollege sich dann im Gespräch auch noch sehr negativ über die Schüler äußert, ... bin ich froh, dass er - da habe ich Glück gehabt - nun aber ziemlich bald die Schule wechselt.

Im Lehrerzimmer habe ich dann zwei Zettel von Hassan im Fach. Er hat so oft gestört und ich habe so oft mit ihm gesprochen, dass er nun die Aufgabe hatte, während der Pause auf einer Seite darzulegen, was er alles im Unterricht nicht tun darf. Da hat er z.B. geschrieben:

7 Sätze darf nicht machen

Hassan darf nicht schreien.
Hassan darf nicht respektlos sein.
Hasan darf nicht beleidigen.
Hassan darf nicht allgemein nicht stören.

Usw. Alles richtig, ich weiß ja, dass er's weiß. Aber mit dem 2. Blatt macht er mir eine Freude. Sie heißt

Hassan - darf machen

Hassan darf leise sein.
Hassan darf leise reden.
Hassan darf respektvoll gegenüber Schülern bzw. Lehrern sein.
Hassan darf auf seinem Platz sitzen.
Hassan darf nichts machen.
Hassan darf den Mund halten.
Hassan darf Hassan sagen.
Hassan darf sich am Unterricht beteiligen.
Hassan darf schreiben.

Ständig erlebe ich in der Schule so überraschend komische Sachen. Hassan hab ich gelobt. Das hat er freundlich entgegengenommen, aber trotzdem weiter ab und zu „was gemacht".

LEIDER IM TAG VERTAN

Meine Kollegin Hanna empfängt mich heute mit einem kleinen Schülertext, den ich vor der ersten Stunde schnell noch durchlesen soll. Es handelt sich um eine Extraarbeit wegen wiederholten Vergessens des Sportzeugs, vom Schüler in Form eines Dialoges abgefasst:

Hose: „Ich frage mich, wann wir endlich angezogen werden und Sport machen."
T-Shirt: „Es ist schon eine halbe Stunde vorbei."
Schuhe: „ Nein, er kommt ganz sicher gleich!"
T-Shirt: „Ich bezweifle es."
…………………… 15 Minuten später ………………………

Hose: „Wow! Schon wieder eine Viertelstunde vorbei!"
Schuhe: „Das war's, ich gebe es auf, ich gehe wieder in den Sportsack!"
Hose: „Bin dabei."
T-Shirt: „Gut, ich komme dann auch."
Sportsack: „Ist die Stunde schon vorbei?"
Hose: „Er hat uns vergessen!"
Sportsack: „Macht euch nichts draus, nächstes Mal nimmt er uns mit!"

Gut gelaunt in meine 9. Klasse. Ich begrüße alle einzeln und mache mich vor Unterrichtsbeginn schon mal an die eingereichten Entschuldigungen. Die meisten sind von den Schüler*innen selbst geschrieben und von einem Elternteil mit Unterschrift versehen worden. Mein Eindruck: die unterschreiben alles. Also: „Sein Handy hat nicht geklingelt, weil sein Akku leer war und er (?) abends von alleine ausgegangen ist. Deswegen hat er sich heute verspätet." 2 Tage später hatte er dann „Kopfschmerzen und ist nicht zum Arzt gegangen, weil ich zu Hause noch Kopfschmerztabletten hatte." Viel einfacher ist es dann bei Vadim, er „konnte die Schule nicht besuchen, da er am 11.8. und 12.8. in Urlaub war." Aha. Urlaub. Hoffentlich nicht ansteckend, es gibt schließlich so etwas wie eine Schulpflicht! Da, schon die nächste: „Carla konnte am .... nicht in die Schule kommen, da wir am Wochenende nicht Hamburg waren. Mit freundlichen Grüßen ..." Na toll, wenn sich das rumspricht! Da sind wieder einige Gespräche fällig. Mit den Eltern.

Manchmal wollen Entschuldigungen auch einfach nur verwirren, obwohl es im ersten Moment so aussieht, als ginge es um Erklärung des Fernbleibens vom Unterricht: „Sie hat sich leider im Tag vertan und dachte, es wäre Donnerstag. Da ich aber um 5 Uhr aus dem Haus gegangen bin, ist diese Sache leider passiert." Hä? Na, Schwamm drüber. Als nächster Alex. Er konnte am „Montag und Dienstag nicht kommen, da er dollen Husten und Kopfschmerzen hatte." Und „am Freitag vor den Ferien sind wir ganz früh nach Österreich geflogen." Vorgezogener Ferienbeginn - wohl doch ansteckend. Dann noch Erdal. Der hatte an 4 aufeinander folgenden Tagen erst einen Termin beim Arzt, dann einen geprellten Fuß, anschließend Bauchweh und danach war ihm schlecht.

So, das reicht erstmal, also wieder ans Telefon.

Ein Entschuldigungsschreiben habe ich übrigens auch bekommen. „... ich verspreche, dass ich nicht wieder schlimme Wörter in die Klasse schrei", heißt es da. Alina hatte vor 2 Tagen, während des Unterrichts laut „Tobias, ich will mit dir poppen!" in die Klasse gerufen und das nicht mal für ungewöhnlich gehalten. Mein Telefonat mit ihrer Mutter war mir einigermaßen peinlich, das Wort poppen kannte sie schließlich noch nicht. Alina ist übrigens eine meist sehr freundliche, lustige und sozial eingestellte junge Dame, die für ein gutes Klassenklima von einiger Bedeutung ist. Aber hier hat die Pubertät zugeschlagen.

Mit beginnender Pubertät hat auch mein Kollege Sergej zu tun. In seinem eigentlich erfreulich kleinen Kurs „Sprachförderung" herrscht jedes Mal erhebliche Lernunlust. Seine Schüler möchten einfach keinen Zusatzunterricht, auch wenn es sinnvoll ist. Insbesondere die schon in der 6. Klasse sehr kräftige und große Cora stört enorm. Er hat bereits verschiedentlich mit den Eltern telefoniert, es hat sich aber nichts gebessert. Nun erzählt er mir, dass die Eltern in der Schule gewesen seien und er mit ihnen gesprochen habe. „Und, hat es was gebracht?", frage ich schon ein wenig skeptisch. Aber mit der Antwort habe ich nicht gerechnet: „Das kann ich mir vorstellen, dass Sie Probleme haben", habe Coras Vater gesagt, „wenn ich Sie so ansehe, Sie sind doch etwas schwächlich." Wir lachen, denn wir mögen diese Absurditäten.

In der Organisationszeit rufe ich als betreuender Beratungslehrer für meine Kollegin Clara bei der Mutter von Edwin an, weil der heute unentschuldigt fehlt. Bis 10 Uhr müssen wir Fehlzeiten unbedingt an die Eltern gemeldet haben. Natürlich bitten wir wieder und wieder darum, die Kinder vor dem Unterricht krank zu melden, aber sehr oft wird zwar versprochen, aber nicht eingehalten. „Hallo?",

Frau Krasoce ist wohl da, aber mit Namen meldet sich am Telefon wohl niemand mehr. „Wo ist Edwin?", frage ich, „Er ist nicht in der Schule!" „Doch, Edwin Schule!" Nein, doch, nein, doch, so geht das eine Weile, bis ich ihr vorschlage, mal in Edwins Zimmer nachzusehen. „Edwin noch schläft", meldet sie sich dann nach einiger Zeit, „kommt 10 Uhr!" Ich glaub es nicht. Jetzt aber zack, sonst wird das auch nichts mehr mit 10 Uhr.

Dann gibt es Beschwerden über meine Schülerin Sylvia. Sie habe einen Jungen aus der 7. Klasse mehrfach geschlagen und beleidigt. Ich hatte ihr aufgetragen, den Vorfall aus ihrer Sicht zu verschriftlichen und nun halte ich das Ergebnis in den Händen: „Ich bin mit Inga, Cory und Chrystal an Haiko (das ist der Geschädigte) vorbeigegangen und dann haben die so einen Jungen geärgert. Ich bin hingegangen und habe gesagt, dass Haiko damit aufhören soll. Er ist dann frech geworden mit ‚Schlampe, misch dich nicht ein', hat mich die ganze Zeit beleidigt und meinte, dass ich meine Fresse halten soll. Dann hat er mich an der Schulter festgehalten, dann habe ich ihm eine geklatscht. Er hat mich schon mehrmals beleidigt, nicht nur gestern, ich meinte auch, er soll Respekt haben und gestern ging es mir zu weit, er hat mich geschubst, hab ich ihn geschubst und ihm eine geklatscht, dann ist er wieder frech geworden und meinte ‚Du Hure!' usw. Da hab ich ihn geschubst, meinte ‚Hals (!) Maul' und bin gegangen." So, das sieht aus nach in der Mittagspause vorm Schulbüro schriftlich reflektieren über den Unterschied zwischen körperlicher und verbaler Gewalt und alternative Möglichkeiten der Konfliktregelung.

In der nun folgenden Philosophiestunde schreiben meine Schüler*innen auf kleine Kärtchen, welche Themen sie interessieren, was sie gern besprechen möchten. Das kommt alles an die Stellwand und da lese ich dann z.B.: „Ist das, was passiert, Schicksal oder Zufall?", „Was passiert mit den jetzigen Toten?", „Wozu gibt es unterschiedliche Augenfarben?", „Werden Ausländer ungerecht behandelt?", „Wieso gibt es verschiedene Sprachen?", „Gibt es Rassismus auch in unserer Klasse?", „Was ist unser Lebenssinn?" Tja. Viele große Fragen, wenig Zeit. Ich werde es wohl mit Gruppenarbeit versuchen und das gut vorbereiten.

Oh je, zu meiner eigentlichen Arbeit, dem Unterrichten, bin ich fast noch gar nicht gekommen. Eigentlich hat mir hauptsächlich das alltägliche Schulleben die üblichen Arbeitsaufträge erteilt und ich müsste jetzt mal was mit Unterricht ...

Da fällt mir ein, dass ich in einer Supervision gerade die Aufgabe bekommen habe, eine Zeitlang jeden Tag aufzuschreiben, was mir am Schulleben belastend erscheint. Gestern habe ich unter anderem notiert:

„Heute geht es mir ganz gut nach den 4 Stunden, es gab keinen Streit, keine Unruhe und vernünftiges Arbeiten. Aylin und Buket hatte ich einen Termin bei der Schulärztin besorgt und sie sind hingegangen. Aber nicht zurückgekommen. Unglaublich! Also morgen wieder für Konsequenzen sorgen. 2 Termine mit den Frauen vom ‚Internationalen Büro' und Müttern von Schüler*innen gemacht. Schülertext für eine Stadtteilzeitung überarbeitet und abgeschickt. Es lauern überall mögliche Schwierigkeiten und unvorhergesehene Probleme. Morgen hab ich einen hoffentlich ruhigen Tag, und weiß aber nicht, ob die Referate etwas werden. Müsste ich mehr vorgeben? Für morgen ein Alternativprogramm entwickeln? Einen Kriterienkatalog erstellen! Bekomme ich das Geld für die Klassenreise? Werden alle bezahlen? Wie viele Formulare muss ich noch ausfüllen? Können überhaupt alle Schüler*innen mit, wie ist es mit ihren Staatsangehörigkeiten bzw. ihrem Aufenthaltsrecht? Brauche ich noch eine Reisendenliste für eine sichere Wiedereinreise? Wie mache ich das? Die Aufgaben scheinen mir unendlich. …

So geht das 4 Seiten weiter. In diesem Schuljahr entwickelt sich das Meiste dann aber doch noch positiv, die Klassenreise nach Prag wird schön, ich habe bis zu ihrer Entlassung noch viel Freude mit meinen Schüler*innen. Trotzdem: Ich muss mich mal ums Unterrichten kümmern.

SCHULE IM CORONA - BLUES … DAS LÜFTUNGSKONZEPT

Im Vertretungsunterricht wieder mal kein Schüler bekannt. Da klopft es: der Direktor. Er gibt meiner Kollegin Meike ein Zeichen. Sie möge schnell mal vor die Tür kommen. Er tut sehr geheimnisvoll. Bloß kein Aufsehen, es ist noch ganz zu Beginn der Pandemie. Er kenne die Namen der Schüler dieser Klasse auch nicht, aber eine Zerda bzw. ihr Bruder sei positiv getestet und sie müsse jetzt schnell(!) den Unterricht verlassen und in Quarantäne. Ob Meike ihm behilflich sein könne. „Hm", meint sie im Reingehen, „da fragen wir doch mal das Mädchen in der ersten Reihe, das hier direkt vor mir sitzt …, sie wird es doch wohl hoffentlich nicht sein, aber bei meinem Glück …" Aber doch, sie ist es, geht bereitwillig zum Direktor, anschließend nach Hause und Meike hat nachmittags was zum Nachdenken.

Natürlich achten alle auf die bekannten Krankheitszeichen. Die Schüler auch. Mit Kopf- und Halsschmerzen wurde z.B. Edwin nach Hause geschickt. Er soll zum Arzt gehen und möglichst einen Test machen lassen. Aber dann hört man nichts mehr von ihm. Also Anruf bei der Mutter. Was denn nun mit Edwin sei und, ob er den Coronatest gemacht habe? „Edwin nix Corona, Edwin Haare schneiden!" kommt die begeisterte Antwort. „Ach so ..., dann wäre es ja schön, wenn er wieder in die Schule kommen würde." Die Ironie teilt sich ihr leider nicht mit, aber Edwin ist immerhin am nächsten Tag wieder da.

Zum Glück gibt es dann auch ein Lüftungskonzept. Das ist zunächst mal gar nicht so einfach, denn in jeder Klasse ist nur ein Fenster zu öffnen: der Notausstieg. Das ist das Lieblingsfenster der Schüler, da sitzen und stehen sie in den Pausen und wann immer es möglich ist, herum, gucken, was draußen los ist, rufen raus und machen es sich gemütlich. Doch, das geht, zu viert auf der Fensterbank und weitere davor, das ist schön kuschelig. Die anderen Fenster sind zu. Vernagelt und verschraubt. Damit kein weiteres Fenster geöffnet werden kann. Lebensgefahr durch Absturz! Da ist es gar nicht so leicht, die wieder auf zu bekommen. Extraschicht für die Hausmeister und natürlich zu spät fertig.

In der Nachbarschule müsste es doch einfacher sein, die haben eine ganz neue Schule bekommen. Da ließen sich auch alle Fenster öffnen. Zuerst. Dann hieß es allerdings gleich zu Beginn der Corona-Zeit „Oh Mist, das ist ein Fehler", erzählt meine Kollegin Cordula. „Da sind dann die Handwerker gekommen und haben sie wieder verschlossen, so dass sie nur auf Kipp zu stellen sind, damit die Kinder sich nicht von dem Balkon, der vor unserem Fenster längs läuft, zu Tode stürzen können. Und dann haben wir gesagt, aber so kann man ja nicht lüften und dann kamen sie wieder und dann wurde wieder alles umgerüstet. … Und jetzt dürfen sie rausspringen aus dem Fenster.", lacht Cordula und schüttelt den Kopf. „Von der Schulbehörde ist das jetzt genehmigt. ..." Auf jeden Fall bedeutet das für alle Kollegen und Kolleginnen, die den tödlichen Fensterunfall nun an 5 bis 7 Fenstern verhindern müssen, statt an nur einem, einen deutlichen Stresszuwachs, denn offene Fenster ziehen Schüler und Schülerinnen einfach an. Magisch.

Ein ähnliches Problem mit Fragen von Lüftung und Sicherheit hat meine Kollegin Meike.

Ihr Kurs Darstellendes Spiel findet in der Aula statt. Sehr großer Raum, aber nur Oberlichter zum Lüften. Bedienelemente im Nachbarraum, verschiedene Schlüssel, viel Zeit, bis die offen sind, Frischluftergebnis gleich Null, die Oberlichter sind ja weit oben. Also macht sie die Türen auf, auf der einen Seite sogar nach draußen. Das geht schnell und führt zu fühlbarem Frischluftergebnis. Aber der Hausmeister kommt rein und macht sie wieder zu. Es sind nämlich Brandschutztüren. Eine Verständigung kann leider nicht erzielt werden. Dafür erneuter Durchlüftungsversuch, nachdem der Hausmeister weg ist. Doch er kommt wieder. Türen wieder zu. Erneute Diskussion über Vorschriften. Dasselbe Ergebnis. Meike freut sich auf die nächsten Stunden in der Aula. Die Schulleitung mag keine Entscheidung treffen, also geht es so weiter.

Aber zurück zum Lüftungskonzept. Wie funktioniert denn das? „Die Schüler öffnen die Fenster für 5 Minuten und dann stellen sie auf dem Smartboard 20 Minuten ein, und dann klingelt es wieder, unerbittlich, auch völlig egal, was du gerade machst. ... Zum Beispiel mitten in einem Referat, das ist richtig Scheiße. ... Dann springen sie alle auf, schließen die Fenster, dann laufen sie nach vorn zum Smartboard und dann werden wieder 20 Minuten eingestellt. ... Das Problem dabei ist, als es so kalt war ... Jacken ausziehen, das kannst du gar nicht mehr machen. Und dann haben sie auch ihre Mützen an, ihre Handschuhe und es wird natürlich richtig zelebriert, diese Kälte. ... Aber jeder erträgt es mit wahnsinniger Gelassenheit." Sie spricht ja auch von einer 9. Klasse kurz vor der Abschlussprüfung, bei den Jüngeren ist schnell der Spannungsbogen dahin, man muss sie und sich wieder sammeln und das ist oft sowieso schon wirklich anstrengend. Besonders blöd ist es dabei natürlich, wenn man selbst die Daunenweste im Lehrerzimmer vergessen hat.

Die Maske natürlich immer auf. Der Verständigung dient das nicht. „Ich hab dich nicht verstanden!" „Ich Sie auch nicht!" – so schlägt man sich durch den Unterrichtsstoff. Und wenn es Unruhe gibt und man sich gar nicht verständigen kann? Zack, da ist es schon passiert, Maske kurz mal runtergezogen und mit kräftiger Stimme und viel Luft wie gewohnt für Ruhe gesorgt.

Der Schönheit dient die Maske auch nicht gerade, denkt Favour, nimmt sie ab und zieht versiert den Lippenstift nach. Wie man sieht, auch wenn man die Lippen ja nun gar nicht sehen kann, machen Gewohnheiten nicht vor einer Maske halt. „Was ist denn, Frau Grothe? Schon wieder drauf!!" Oh, da rappelt auch schon das Smartboard und es kann wieder gelüftet werden.

SCHULE IM CORONA - BLUES …
DAS DESINFEKTIONS - UND
KOHORTENKONZEPT

Dann ist da noch so etwas wie ein Desinfektions- und
Kohortenbildungskonzept.
Ja, die Klassen werden nach Benutzung desinfiziert. Damit
die Ansteckungsgefahr möglichst gering ist, erzählt mir
Bärbel, werden Kohorten gebildet. Schüler und Schülerinnen
sollen möglichst nicht Räume, Flure und Pausenbereiche
wechseln und immer in der gleichen Gruppe bleiben. Also
ganz anders als sonst. Denn gewechselt wird eigentlich viel,
in den Pausen sowieso, aber auch im Unterricht, z.B. bei
Gruppen- oder Partnerarbeit. Was ist jetzt aber, wenn jemand
wegen fehlender Nachbarn am Tisch ganz allein sitzt? Doch
umsetzen? Auf jeden Fall desinfizieren, nach jedem
Tischwechsel. Nach jedem Stift- oder Heftwechsel auch? Ach,
so etwas soll es gar nicht mehr geben? Alle Bücher, Hefte und
Stifte, die von Lehrern ausgegeben werden, desinfizieren?
Nicht mehr ausgeben? Was ist mit Besprechungs- und
Gruppenräumen? 1. und 2. Stunde Jahrgang 5, dann Jahrgang
6. Also auch noch nach der 2. Stunde desinfizieren! Und zu
Beginn von Stunde 3 auch, denn man weiß ja nicht, ob die
Vorgänger daran gedacht haben. In den Pausen wird
Spielzeug ausgegeben, Bälle, Springtau, Diabolo usw. Nun
erstmal desinfizieren und nach Gebrauch ebenso. Listen
führen. Falsches Spielzeug zurückgebracht? Nochmal
desinfizieren. Und dann im August diese Hitze … Da darf
man auch mal mit der eigenen Kohorte auf den Spielplatz der

Schule. Im Eingangsbereich geht's dann aber nicht mehr weiter. Es kommen viele Kohorten entgegen. Hallo, nicht drängeln! Nicht reden und vor allem nicht schreien!! Was ist los? Mittendrin 8 Kollegen und Kolleginnen, aber erstmal geht es wirklich nicht mehr weiter. „Warten, Kinder, warten, bis die anderen durch sind!" Langweilig ist es auch. Ah, zum Glück hängen ja überall Desinfektionsmittelspender. Raufgedrückt und gespritzt. „Nein, nicht in die Augen!! Das bringt doch nix." Bringt aber doch was, z.B. immer dann, wenn man Zeit schinden will, z.B. auf dem Weg zur Toilette oder zur Schulleitung: „Moment, ich muss mir noch die Hände desinfizieren." 5, 6 - mal drücken und gründlich verreiben nicht vergessen, natürlich!

„Musstet ihr denn nicht desinfizieren??", frage ich meine Kollegin Cordula aus der Nachbarschule. „Doch, am Anfang ja", meint sie, „bis sie dann davon abgekommen sind, ... weil die Schmierinfektion gar nicht so eine große Rolle spielt." „Und wie ist es mit dem Essen?", frage ich dann, „die können doch nicht in der Schlange stehen?" „Nee, das stimmt, aber das vorher ..., naja, also so viel zu unserem Infektionsschutz, der ist eigentlich gar nicht da gewesen." Naja, vielleicht ein Informationsdefizit?

An unserer Schule steht niemand mehr in der Cafeteriaschlange, denn das Essen wird in Plastiktellern und - verpackung nach Bestellung vor die Klassentüren gestellt. Und dann von den Lehrkräften nach Liste ausgeteilt. Das Essen sieht jetzt nicht mehr so gut aus. „Nee, hab ich nicht bestellt! Mag ich nicht! Ich hab auch bestellt! Wieso bekomm ich nichts?" sind dabei beliebte Zwischenrufe. Und die Reste? Stehen rum. Hauptsächlich Plastik. Aber aus Umweltschutzgründen durchsetzt mit Metallbesteck. Wer pult das bloß wieder auseinander? Die Reste stehen manchmal 2 Tage auf dem Flur. Das riecht schlecht. Die Kinder lassen noch mehr zurückgehen als sonst schon. (Nebenbei bemerkt ist die Essensqualität eigentlich recht gut, ich hab da früher gern gegessen.)

So, nun wieder Kohortenkonzept. Das führt einzelne in verzweifelte Situationen. „Die Pausenaufsicht muss immer darauf achten", erzählt Cordula, „dass sich die Leute nicht mixen. Was eigentlich auch überhaupt nicht zu machen ist. Weil, das sind ja über 1000 Schüler, du weißt überhaupt nicht, wer wohin gehört. Und ich hab einen Schüler bei mir in der Klasse, ... der ist sehr sehr süß, aber sehr sehr klein, sehr zart und sieht aus wie ein 5t - Klässler. Und dann steht der Kleine da, und der verhält sich auch so, und dann kommen die Lehrer: ‚Jetzt ist aber Schluss, du gehörst auf deinen Hof, Klasse 5!' ‚Aber ich bin doch gar nicht Klasse 5, ich bin Klasse 9!' ‚Lüg mich nicht an!' ‚Gehen Sie doch zu Frau Grothe!' usw. Und dieses Kind, ich glaub, der leidet tatsächlich unter dieser Pandemie. Weil, ich glaub, der muss echt `n Knacks kriegen!"

Bedauerlich auch die Entstehung neuer Beleidigungs - möglichkeiten. „Ihh, der/die hat Corona!" Effektiv in der Wirkung, daher oft eingesetzt.

Tragisch die Einschulung Jahrgang 5, für einige jedenfalls. „Sowieso - Straße 113/115? Nein das geht nicht, die stehen doch komplett unter Quarantäne. Wie sind die überhaupt da rausgekommen?" Also wieder nach Hause und nach 2 Wochen erneuter Versuch. Dadurch die ganze Kennlern- und Gruppenbildungsphase verpasst. Das ist nicht einfach für alle Betroffenen. Andere wollen zwar eingeschult werden, aber nicht mit Maske oder auch nur Schal über Mund und Nase, schon gar nicht die Eltern. „Nee, wir gehen, das ist ja wie im Krankenhaus hier." Leider auch den ersten Tag verpasst.

Manche Schüler*innen leiden unter der Pandemie deutlich mehr als andere. Zum Beispiel, wenn sie gar keine Ambitionen haben, sich digital zu vernetzen oder schlicht keine Hardware besitzen oder damit nicht umgehen können. Cordula erzählt mir auch von ihren Bemühungen, die Lage zu verbessern. „Da ist zum Beispiel Linus, der wohnt mit seinen Eltern, die sind zu siebt und wohnen in einer 3 - Zimmer -Wohnung. Das einzige, was er digital macht, ist, mit seinem Handy zu spielen. Und sonst hat er gar nichts. Und dann hatte ich ihm einen Laptop besorgt, damit er zu Hause arbeiten kann, hab ich ihm mitgebracht, nachdem die Mutter mich auch darum gebeten hatte, weil der Computer, den ich ihm zuerst geben wollte, viel zu groß war, um in dieser Wohnung überhaupt hingestellt werden zu können. Da hab ich ihm so einen kleinen Laptop besorgt und da sagt der zu mir: ‚Nein danke, Frau Grothe, den kann ich nicht gebrauchen!' Und auf Nachfrage, wie er dann seine Aufgaben erledigen wolle: ‚Die mach ich nicht! '"

Von einigen Schüler*innen aus Wohnunterkünften für Geflüchtete berichtet Cordula Ähnliches, sie „weigern sich die von der Schule zur Verfügung gestellte digitale Plattform zu benutzen und sind dadurch überhaupt nicht mehr Teil der Klassengemeinschaft." Cordula hat mit ihnen die Software geladen, für ihre Zugänge gesorgt, aber wenn sie allein sind, benutzen sie das nicht. Wie, benutzen sie nicht? Nein, sie tun es nicht. Diese Kinder haben es nun noch schwerer als sowieso schon.

Lehrer*innenkonferenzen finden jetzt in der Aula statt. Da ist genug Platz, Lüftungsproblematik s.o. Alle sitzen schön weit auseinander und stellen fest: Das ist nun noch langweiliger als sonst schon oft. Man kann nicht flüstern und kommentieren, hört ja keiner. Also Handys raus und digital kommentiert und kommuniziert. „Ich würde gern doch mit dir über den Vorfall mit Dennis sprechen." „Ok, ich hatte vorhin in der Öffentlichkeit keine Lust dazu." „Dann Freitag Vormittag." „Jaja." „Du weißt, was das heißt?" Usw.

Und im Lehrerzimmer? Zum Beispiel gibt's da eine Abstimmung über getrennte Lehrerzimmer für Kollegen*innen mit und ohne Maske. Und dann bekommen 2 Kolleg*innen ein eigenes Lehrerzimmer für Maskenträger. Die Maske brauchen sie da nun aber eigentlich nicht mehr.

Problem Lüftung. Cordula erzählt: „Wir sitzen natürlich alle bei uns, wir sind ja auch eine Kohorte, in unserem Jahrgangsraum alle ohne Maske. Weil wir müssen ja auch mal was essen, mal `n Kaffee trinken. ... Und wir haben bei unserem Lehrerzimmer eine Terrassentür raus auf den Balkon. Wunderschöner Balkon, ganz groß, bloß wir dürfen da nicht raufgehen, weil ... die Schulbehörde hat dieses Gebäude gemietet, allerdings nicht den Balkon mit. Also das heißt, wir dürfen nicht auf den Balkon. ... Und die Tür haben sie uns jetzt auch zugemacht. ... Die Fenster kann man nur klappen ... und die, die aufgehen, die haben so ein Gitter davor. ... und ich kann nicht raus, ich kann nicht mein Fenster öffnen, so wie ich mir das eigentlich vorstelle."

Ehrlich gesagt bin ich froh, dass ich den Corona - Blues am Ende nicht auch noch spielen musste. In diesen Kapiteln habe ich mich auf die Informationen von ehemaligen Kolleg*innen verlassen.

ÜBERLEBT:
22 MAL KLASSENREISE

Es ist Spätsommer und wir sind im CVJM-Heim am
Hintersee. Die Schüler*innen aus der 10. Klasse haben sich
das selbst ausgesucht, weil die Bilder im Prospekt so idyllisch
waren, aber hier ist einfach nichts los. Gut, wir machen
Waldläufe (freiwillig), baden bis zu den Knien
(Behördenvorschrift) im Hintersee, fahren mit dem Boot und
machen Ausflüge, alles ganz schön, aber irgendwie fehlt was.

Der ohnehin ziemlich bediente Herbergsvater begrüßt uns
heute Morgen noch unfreundlicher als sonst, eigentlich gar
nicht mehr. Er redet nicht mehr mit uns. Was ist passiert? Das
Übliche – zu laut, zu viel getrunken (angeblich), nicht sauber
gemacht...? Nein, heute kann ich ihn verstehen und freue
mich, dass sowas wirklich mal passiert. Letzte Nacht ist
Sebastian aus der Parallelklasse über den Balkon ein
Stockwerk höher geklettert. Zu den Mädchen. Dachte er, hat
sich aber irgendwie verrechnet und ist, als er hoffnungsfroh
durch eine geöffnete Balkontür schlüpfte, am Bett des
ohnehin schon unter Schlafmangel leidenden Herbergsvaters
und seiner Frau gelandet. Das gibt's doch sonst nur im Kino!

Vieles wiederholt sich aber auf Klassenreisen. Zum Beispiel
Schüler, die einfach keine Ruhe geben. Besonders in den
Jungenräumen. Beate erzählt mir, dass einer ihrer Jungen
eines Abends in dem freien Bett in ihrem Zimmer schlafen
musste, bis Ruhe herrschte. Dann am nächsten Abend
wieder. Am dritten Tag habe er dann drauf reagiert: „Ich

kann ja meine Sachen gleich hier lassen, ich komm doch sowieso wieder. Und übrigens, Sie lesen dasselbe Buch wie meine Mutter!"

Und dann der erste Abend in der Jugendherberge. Da kommt keiner schnell zur Ruhe. Schüler*innen laufen über die Flure – Zimmer Mädchen – Waschraum – Zimmer Jungen – Toilette – Waschraum – Zimmer usw. Und die Türen knallen. Immer. Ich weiß nicht, warum. Lehrer*innen sitzen auf dem Flur, beaufsichtigen und regulieren. Und müssen oft sehr lachen. Ozan hat komödiantisches Talent, Nele zieht sich zum Duschen erstmal an! Geschminkt hat sie sich für den Duschgang auch. Ein Riesentheater. Dann in den nassen Klamotten zurück ins Zimmer ... und erstmal ab ins Bett.

Einen Aufenthalt im Selbstversorgerheim finden die meisten am besten. Und sie lernen wirklich viel, Jungen z.B. das Abwaschen, meistens unter Aufsicht von in dieser Beziehung deutlich versierteren Mädchen. Das haben viele noch nie gemacht! Muss die ganze Flasche Spülmittel ins Abwaschwasser? Muss man mehr tun, als Tassen und Teller unter fließendes kaltes Wasser halten? Warum kriegt man Ärger, wenn man versucht, Tiefgekühltes in einem mit Öl gefüllten Topf auf einem Gasflammenherd zu frittieren? Wieso soll man verschmutztes Geschirr nicht einfach wieder so in den Schrank oder Kühlschrank stellen? Usw. Nebenbei bemerkt haut mich auch der Versuch, tiefgefrorenes Hühnerfrikassee unaufgetaut draußen zu grillen (!) wirklich aus den Schuhen.

Abends sind dann meistens einige weg, das Gelände ist ja groß, die Beleuchtung knapp und überall andere Schüler*innen-Gruppen. Baris, Ortwin und Sadegh müssen, nachdem ich sie nach langem Suchen um 0.30 Uhr wieder eingefangen und in ihr Haus gebracht habe, als unangenehme Konsequenz morgen den politischen Leitartikel meiner Tageszeitung lesen und abschreiben. Um 1.50 Uhr schlafe ich langsam ein, es scheint alles einigermaßen ruhig zu sein. Dann lautes Klopfen um 3 Uhr. Ich schrecke hoch, einige Schüler vor meiner Tür, neue Probleme? Aber Fehlalarm, es sind Baris, Ortwin und Sadegh. Sie bringen die komplette Abschrift des Leitartikels und freuen sich. „Ja, wir durften ja nicht ins Bett gehen, mussten ja erstmal schreiben!" So haben sie es mir heimgezahlt. Was nun? Nochmal meckern? Nein, ich lobe sie für die prompte Erledigung der Arbeit, freue mich über ihren und auch meinen Humor und versuche wieder einzuschlafen.

In der nächsten Nacht fehlen wieder 3 Jungen. Ich suche seit ca. 22.30 Uhr mehrfach in allen Häusern und draußen natürlich auch. Keiner weiß etwas. Um 23.30 Uhr fange ich an, mir Sorgen zu machen. Ich gehe noch einmal in eins der Mädchenhäuser. Hier habe ich beim ersten Mal nicht richtig nachgesehen, sondern nur gefragt. Die hielt ich alle für „harmlos" und darüber hinaus auch immer ehrlich. Jetzt frage ich aber noch einmal. Was ist z.B. mit Karin? Schläft immer noch! Diesmal sehe ich aber mal genau nach und stelle fest, da hat sich doch einer unter der Decke versteckt. Alle lachen, Anton muss gehen und ich könnte nun auch, aber wo sind die anderen beiden? Und wo ist Natascha? Im Bad. Immer noch. Immer noch? Das Bad ist abgeschlossen. Ich dürfte ja auch nicht einfach reingehen, muss immer fragen, wenn ich das Mädchenhaus betrete oder einen Raum darin, da pass ich auf. „Natascha, mach mal die Tür auf!" Nichts. Lauter: „Mach mal die Tür auf, Natascha!" Noch entschiedener. Plötzlich starren mich alle gespannt an. „Herr

Benthack, ich kann nicht !", kommt die Antwort aus dem Bad. Dabei der russische Akzent: „Chrerr Benthaak, ich (dabei das ch gesprochen wie in „ach") kaan nicht (wieder wie in „ach") Dann kann sie natürlich doch und ... bei ihr gleich 2 Jungen. Da bin ich doch überrascht. Das Schönste an dieser Geschichte kommt aber später. „Herr Benthack, ich kann nicht! (Aussprache s.o.)" wird ein geflügeltes Wort in den nächsten Schuljahren. „Warum hast du deine Hausaufgaben nicht?" Die Antwort ist ja wohl klar. Warum kommst du nicht rechtzeitig? „Herr Benthack, ich kann nicht!" Hast du die Unterschrift von deinen Eltern dabei? Warst du bei der Abteilungsleiterin? Und immer muss ich lachen.

Ein Jahr später, Helga ist neu in der Klasse, wir sind in Kopenhagen. Alkoholverbot. Ich kann mich auf die Klasse verlassen, diese Regel wird nicht erkennbar übertreten. Wenn wir uns abends um 22 Uhr auf dem verabredeten Platz treffen, sind alle da, verhalten sich normal, riechen nur deutlich nach Pfefferminz. Es läuft alles gut, bis die gerade neu in die Klasse gekommene Schülerin Helga eines Abends fehlt und ich sie nach einigem Suchen im WC ihres Zimmers finde. Sie hat sich wohl übergeben. Ist sie ohnmächtig? Sagt nichts mehr. Nun krieg ich aber wirklich einen Schreck. Ein Glück, sie atmet. Sitzt auf dem Fußboden vorm Klo, die Beine um selbiges geschlungen, seitlich an die Wand gelehnt, es ist sehr eng. Nun versuche ich sie mit einem vor Jahrzehnten gelernten Sanitäter - Tragegriff hochzuheben und dann ins Bett nebenan zu bringen. Sie ist total schlaff und unfassbar schwer. Langsam kriege ich sie hoch, aber das linke Bein verkantet sich zwischen Wand und Kloschüssel. Nicht, dass das bricht! Lange halte ich das aber nicht aus. Dann kriege ich sie hoch, doch sie dreht sich jetzt langsam und fällt fast wieder auf den Boden. Bloß das nicht! Irgendwie schaffe ich es, mit ihr zusammen eine Pirouette in Richtung Bett zu drehen, … und dann liege ich mit ihr in selbigem. Ich fasse es nicht, was mir gerade passiert ist. Aber es platzt zum Glück nicht plötzlich eine Mitschülerin rein, ich kann mich aus der misslichen Situation befreien und Helga ordentlich hinlegen. Sie schläft sich erstmal aus, aber morgen muss sie mit ihren Eltern telefonieren und zur Abschlussfeier in die Disco kommt sie auch nicht mit.

Klassenreisen sind meist sehr anstrengend, aber oft auch ziemlich lustig. Darüber, dass es auf meinen 22 Fahrten nie ein wirkliches Unglück gegeben hat, bin ich bis heute sehr froh!

VOM SCHEITERN – ODER: DEMUT

Auch mit dem Scheitern muss ich fertig werden. Zum Beispiel bei Erol. Er war schon bei der Einschulungsfeier zu Beginn der 5. Klasse nicht dabei, stand traurig vorm Schultor und hatte keine Begleitung. Ein Waisenkind, im Alter von 4 Jahren von ebenfalls emigrierten Verwandten in Deutschland aufgenommen, der Bruder in Malmö. Er ist viel allein.

Sympathisch. Wir mochten ihn. Sehr schöne Schrift auch, was bei Jungen ja eher selten ist.

Aber dann. Wenn ich die Stapel von Notizen durchsehe, bevor ich sie nun wegwerfe, erschrecke ich. Mir fällt das alles wieder ein. Einiges schreibe ich hier auf.

Er sei beleidigt worden. Also Faustschlag ins Gesicht des Beleidigers. Befragungen, normenverdeutlichende Gespräche, Abteilungsleiterin, Aufzeigen der Konsequenzen bei Wiederholung. Entschuldigungsschreiben. Lieber Sowieso, es tut mir Leid, dass ich dich geschlagen habe. Ich mache es nicht mehr. Tut er aber doch.

Kommt sehr oft zu spät. Zieht Jacke nicht aus, setzt Mütze(n) nicht ab, redet dazwischen, sticht mit der Schere in eine Apfelsine, das spritzt und macht Dreck. Und stört den Unterricht. Isst während des Unterrichts. Stört. Ermahnung. Erklärung. Trotzdem.

Aber auch er bekommt Entschuldigungsschreiben. Wird auch provoziert. Ist nach kurzer Zeit schulbekannt.

Schlägt Mitschüler und -innen. Mehrfach. Jemand habe „Halt's Maul!" zu ihm gesagt. Muss früher in die Schule zum Gespräch, länger bleiben. Die geltenden Regeln besprechen. Einsatz für die Gemeinschaft zeigen. Das kann er, soll Verantwortung übernehmen, damit habe ich schon oft Erfolg gehabt.

Diebstahl eines Players während des Schwimmunterrichts. Betroffene: der Besitzer, die Nachbarschule, der Schwimmlehrer, die Klassenlehrer. Langwierige Befragungen, Weitergabe der Daten, Uneinsichtigkeit, ich weiß gar nicht mehr, wie das ausging. Erste Klassenkonferenz, zweite Klassenkonferenz.

Erziehungsberechtigte in die Schule. Als etwas Kritisches angesprochen wird, kriegt er sofort eine Ohrfeige, ohne Vorwarnung. Erziehungsberechtigte zum Gespräch über Erziehungsmethoden und überhaupt gewaltfreie Erziehung in Deutschland. Freundlich sein. Ich nehme ihn in den Arm, immer wieder, bitte um dies und das, streichle ihm die Knuddelbacken. Er mag das. Meistens. Wenn der Streit erstmal da ist, geht aber gar nichts mehr.

Große Probleme auch mit vielen seiner Mitschüler, da dauert es nicht lange und zwei Mädchen mit Gym - Prognose wechseln die Schule. Leider. Nicht nur wegen Erol. Aber ich kann sie auch verstehen.

Er verlässt den Unterricht. Darf nicht, geht aber trotzdem. Wenn er nicht stört und mitarbeitet, wird er gelobt. Viele Gespräche mit Fachlehrer*innen.

Mittlerweile weiß ich auch: Die Grundschule hat schon vor 2 Jahren angefangen, Listen mit Vorfällen zu führen, in denen es um Streit, Weglaufen, mangelnde Mitarbeit, Schubsen und Hauen ging. Familientherapie wurde angebahnt, kam nicht zu Stande. Unterrichtsausschluss gab es auch schon. Es wurde auch Kontakt zur Erziehungsberatungsstelle angebahnt, von der Familie aber nicht angenommen. Lehrkräfte schon da hilflos, Gespräche mit einer Beratungslehrerin erbrachten keinen Erfolg. Eine Konferenz bei der zuständigen Erziehungsberatungsstelle drängt auf eine Kindertherapie, zu der es aber nicht gekommen ist. Immerhin ist Erol 1 Jahr lang zu Gesprächen mit einem Kollegen gegangen, hat das dann aber wieder eingestellt.

Auch an unserer Schule gibt es viele Unterstützungs - angebote. Wöchentlich eine Gesprächsstunde mit der Sozialpädagogin, soziales Lernen in kleiner Jungengruppe, Streitschlichtungsgespräche, Einbeziehung auch des zuständigen Schulberatungszentrums. Eine Schulpsychologin ist wöchentlich einmal bei uns, steht uns beratend zur Seite. Kann mir aber nichts sagen, was wir nicht auch bedacht hätten. Gern würde ich Erol für wenige Stunden an sie abgeben, das wäre auch für die Klasse sehr entlastend - und bringt ja vielleicht was. Aber nein, das ist nicht das Konzept dieser Beratungsstelle. Die Kollegin möchte uns nur beraten. Hilfe zur Selbsthilfe.

Also weiter. Jemand findet einen Ohrring und will ihn dem Besitzer zurückbringen. Erol will ihn sich nur mal ansehen. Gibt ihn dann aber nicht zurück. Er sei ihm ja geschenkt worden. Nach einer halben Stunde erfolglosen Geredes zum Schulleiter. Der redet nochmal so lange. Muss aber erst zu einem Telefongespräch mit der Polizei ansetzen, bis der Ring seinem Besitzer zurückgegeben werden kann.

Apropos Geschenke. Nicht nur den Ring hat Erol „geschenkt" bekommen, auch CDs, DVDs, Turnschuhe, Handschule usw. Manchmal hat er das auch überraschend günstig „gekauft".

Dann hat Manuel angeblich zu Erol gesagt, er solle mal die Köpfe von Charlene und Sonja zusammenschlagen. Da hat der es natürlich gemacht. Kann er ja nichts für. Konsequenzen s.o. 5 Gespräche für mich und meine Co-Klassenlehrerin, 2 Aktennotizen und eine Entschuldigung. Bei den Mädchen. Eigentlich mag er die ja.

Dann wird Sergej von ihm geschlagen. Warum? Er und 2 andere hätten über Erol gelacht. Konsequenzen s.o. 4 Gespräche, 2 Aktennotizen und keine Entschuldigung.

Nun will Erol von Albert aus der Nachbarklasse ein altes Spiel wiederhaben, das die beiden vor 2 Jahren oder so in der Grundschule getauscht haben. Wie sich herausstellt: Treten, Hauen, Drohen. Albert hat das Spiel mittlerweile nicht mehr. Deshalb soll er es nun bezahlen. Drohungen jeden Tag.

Nachdem ich das erfahre, wird natürlich diese Situation entschärft, aber ... s.o.

Ich spreche die Schulpsychologin erneut an, lasse mich beraten. Ein Gespräch mit Erol sei von ihrer Seite nun aber durchaus denkbar.

Gestern hat Erol gedacht, Sergej habe während des Deutschunterrichts über ihn gelacht, gemeinsam mit Ferhat. Da ist er hingegangen, hat Sergej gegen den Schrank geschubst und ihn gegen die Wangenknochen geschlagen. Sergej habe geweint, und Erol ihn dann allerdings sogar getröstet. Aber: Es solle niemand was verraten, sonst gebe es Ärger. Trotzdem erfahre ich es und ... s.o.

Von John erfahre ich, dass Erol überhaupt alle Jungen regelmäßig haue. Das tue durchaus weh, aber sie hätten sich fast schon daran gewöhnt.

Nebenbei bemerkt geht mir dieses ständige Schlagen, Hauen, Drohen, Verfolgen, Konsequenzen zeigen ziemlich an die Nieren. Meiner Kollegin Anita auch. Es tut uns auch leid, dass wir die anderen so oft nicht davor schützen können.

2 Mädchen allerdings können sich wehren, sie hauen, treten und nehmen ihm Sachen weg. Da beschwert sich Erol und verspricht nicht mehr schlecht über sie zu reden, wenn sie das nachlassen.

Die Schulpsychologin ist nun bereit zu einem Termin mit Erol. Ich teile Erol und dem zu der Zeit in der Klasse unterrichtenden Fachlehrer den Zeitpunkt für dieses Gespräch mit. Ein Gefühl der Erleichterung stellt sich ein.

In der Zwischenzeit ist auch Erol dubiosen Geschäftspraktiken ausgesetzt. Ein mir nicht bekannter Schüler habe ihn gefragt, ob er seine Nike-Schuhe gegen eine DVD tauschen wolle. Aber nachdem das Geschäft getätigt war, habe der andere dann aber zusätzlich 5 bis 10 Euro gewollt, da die Stollen der Schuhe beschädigt seien. Nein, da hätte Erol nun einen Rücktausch vorgezogen, der aber für den anderen nun aber keinen Wert mehr habe, da Erol sich ja nun die DVD wohl bereits gebrannt habe. Wenn Erol das Geld nicht bringe, müsse er eben im ELBE-Einkaufszentrum etwas klauen. Die beiden wohnen in der gleichen Straße und Erol wird dort nun auch von einem Freund des anderen bedroht. Meine Aufgabe: s.o. Außerdem, das sei hier angemerkt, aber darum geht es ja in dieser Geschichte nicht, besprechen wir natürlich Konfliktfragen, Fragen der Gerechtigkeit, des friedlichen Miteinanders usw. auch regelmäßig im Unterricht, in Klassenratsstunden, in kleinen Gesprächsrunden und führen z.B. dazu auch oft Rollenspiele durch.

Nun bekomme ich ein Schreiben von der Nachbarschule. „Ihr Schüler Erol ... hat in unserer Pausenhalle 2 Schüler massiv bedroht. Er hat in Aussicht gestellt, dass er mit ein paar Kumpeln in diese Schule kommen werde, um die beiden zu verprügeln. Sie haben Angst in die Schule zu kommen. Deshalb erteile ich Erol Hausverbot. Wenn er dennoch das Schulgelände betreten sollte, werden wir unverzüglich die Polizei rufen." Kopie an den Cop4U, Herrn Weill. Anita und ich führen wieder normenverdeutlichende Gespräche, informieren die Erziehungsberechtigten ... und s.o.

Dann wieder Klassenkonferenz. Warum? Diesmal schreibt eine Kollegin: „... weigerte er sich die Unterrichtsmaterialien aufzuschlagen ... erzeugte mit seiner Digitaluhr Piepgeräusche ... bemalte den Tisch mit einem Stift ... störte durch Reden ... musste den Klassenraum verlassen ... hörte man ihn auf dem Flur gegen Wände und Türen treten ... nicht möglich, mit dem Unterricht fortzufahren."

Mirlinda erzählt, dass Erol einer ihrer Freundinnen Angst einjage und auch John schlage. Sollte er einen Verweis bekommen, wolle er auch Alex und Joshua schlagen.

Andererseits erlebt auch Erol selbst Schlimmes: „In der Umkleidekabine hat er zu mir gesagt, bist du der Junge, der mich immer ärgert ... dann war die Tür zu ... ist er auf mich losgegangen ... die ganze Zeit auf meinen Kopf gehauen ... hab ich gesagt, ich hab aber keine Angst ... dann hat er wieder meinen Kopf genommen und gegen die Wand gehauen ... habe ich ihn am Hals gepackt ... hat er mit seinem Knie gegen meinen Magen getreten, ... mich auf den Boden geschmissen und mich zusammengetreten ... habe ich geweint ... ist die Lehrerin gekommen und hat ihn nach Hause geschickt ... und hat mich getröstet." Hier natürlich Konferenz und Maßnahmen gegen den Kontrahenten. Da haben sich dessen Klassenlehrer*innen drum gekümmert.

Der Termin mit der Schulpsychologin ist nicht zu Stande gekommen, Erol und der Kollege haben ihn vergessen. Ich muss einigermaßen überzeugend gewirkt haben, um einen weiteren Termin für Erol zu bekommen. Dieses Mal lege ich ihn in eine meiner Freistunden, hole Erol persönlich aus dem Unterricht ab und bringe ihn zu der Schulpsychologin.

Natürlich bin ich gespannt, was das anschließende Gespräch bringen wird. Vielleicht kümmert sie sich ja jetzt regelmäßig wöchentlich einmal um ihn oder kennt jemanden oder eine

Institution, die helfen könnte. Vielleicht hat sie auch eine ganz andere eine Idee.

Aber nein, leider nicht. Aber sie hat mir etwas zu sagen, was ich nie wieder vergessen werde: „Jaaa, schwierig.", meint sie nachdenklich, „ ... Im Grunde genommen, da hilft nur ... (Pause) ... in Demut ertragen." Das war's. Fertig! Praktische Hilfe vom Beratungszentrum! Da bin ich nun aber wirklich platt ... und kann mich gleich wieder um Erol kümmern.

Obwohl, kümmern kann ich mich nicht mehr viel. ... Einige Wochen später erhalte ich eine Notiz, dass Erol bei einem Diebstahl erwischt worden sei und sich so gegen die polizeiliche Festnahme gewehrt habe, dass er in Handschellen abgeführt werden musste. Meldung an entsprechende behördliche Stellen. Der Cop4U berichtet jetzt davon, Erol in verwahrlostem Zustand aufgegriffen zu haben, es habe auch schon eine Vermisstenanzeige gegeben. Erol kommt auch kaum noch in die Schule.

Nun denken alle möglichen Stellen über Erol nach und er wird erstmal „zentral untergebracht". Das ist auch mit einem Schulwechsel verbunden.

Verabschieden können wir uns nicht. Ich bin traurig über die ganze Entwicklung und natürlich gleichzeitig auch ein wenig erleichtert, es war doch sehr anstrengend. Nur anderthalb Schuljahre hat er es bei uns geschafft.

Über ein halbes Jahr später, nun sind wir schon in der 7. Klasse, bekommen wir einen Brief von ihm. „... Ich hoffe, es geht euch gut.", schreibt er, „Mir geht es gut, es ist eine lange Zeit, seitdem wir uns das letzte Mal gesehen haben und ich vermisse euch sehr. Wie kommt ihr denn so mit der Schule zurecht und wie geht es euch überhaupt? ... Mir geht es dort sehr gut. ..." Dann grüßt er uns alle mit Namen und vergisst niemanden. Die meisten mochten ihn ja auch, trotz allem. Auch Klassenlehrerin und Klassenlehrer.

Ergänzen sollte ich vielleicht, dass wir an unserer Schule im Laufe der Zeit mit vielen ähnlich schwierigen Fällen zu tun hatten.

PARADOXE AKTION UND INTERVENTION

CHECK, DIGGAH

Noch ist Mittagspause, aber ich stehe schon im Bioraum an der Tafel, heute mal vor Stundenbeginn den Stundenverlauf anschreiben. Da stürzen auch schon die ersten 10t-Klässler in den Raum. Vor Pausenende! Das habe ich nie verstanden: Warum Schüler so schnell wie möglich in die Fachräume wollen, lange vor dem Klingeln von außen an den Türen rütteln und sogar dagegen treten, rufen oder durch bereits geöffnete Nebenräume eindringen, dann ihre Unterrichtsbeteiligung mit der Frage „Könn' wir heute raus?" beginnen und nach abschlägigem Bescheid die Sachen packen, um möglichst noch vor Stundenende den Raum wieder verlassen zu können.

Während sie sich jetzt um die Plätze streiten, wird es langsam lauter. „Hallo, Herr Benti, freuen Sie sich, dass ich da bin?", plinker plinker. „Ach ja, und damit Sie mir nachher keine Vorwürfe machen, ich hab heut keine Hausaufgaben." Sandra scheint auch sonst nicht viel dabei zu haben, und in ihr schickes schwarzes Strass - Handtäschchen passt nichts und soll bestimmt auch nichts, was zum Unterricht gehört. „Kucken Sie, ich hab'n Stift mit!", meint sie aber ganz zufrieden mit sich selbst.

So, nun schnell noch den Tafelanschrieb fertigstellen, sonst klingelt es gleich und ich wollte doch ohne die geringste Verzögerung beginnen.

Der Lärmpegel steigt hinter meinem Rücken. Da, jetzt ohrenbetäubendes Gebrüll. Wer ist das? Sicher Emre. Genau.

Emre, groß, kräftig, kurze schwarze Haare, Strickmütze auf, Handschuhe an, ebenso Trainingshose mit den drei Streifen und Nikes, bahnt sich seinen Weg mit unbekümmertem Charme und macht den andern gleich mal klar, dass er hier der Chef sein möchte. Was schreit der eigentlich? Warum? Keine Ahnung, ich habe nichts verstanden, es kommt mir vor wie ein Kampfgeschrei aus der Welt der Tiere oder eine Art Brunftruf. Das kann ja heiter werden. Ich habe aber einfach keine Lust ihn zurechtzuweisen, entschieden aufzutreten und so für Ruhe zu sorgen. Also gehe ich, einer spontanen Eingebung folgend, auf ihn zu.

„Hallo Emre", sage ich. Seine blitzenden Augen sehen mich interessiert an, „ich wollt dir mal was erzählen." Noch interessierter. Sein Lächeln erscheint. „Weißt du, manchmal sagen Freunde zu mir: ‚Du bist doch Lehrer. Wie ist das eigentlich so als Lehrer, man hört immer so schlimme Sachen über die Jugendlichen, dass die wer weiß was anstellen und furchtbar respektlos sind.'" Emre guckt jetzt ein klein wenig irritiert, ein bisschen verständnislos. Ich versuche so zu klingen, als wolle ich ihn ins Vertrauen ziehen über etwas; er nickt und ich glaube, er möchte wissen, was ich da geantwortet habe. „ Ja, ich sag dann, ‚Nee, das ist eigentlich gar nicht so, das ist total übertrieben. Die Schüler sind fast alle nett und arbeitsam …'" Fragend blickt er mich an und um sich herum, was soll das bloß? Was erzählt dieser Lehrer da? „Nur ab und zu übertreibt mal einer und schreit ein bisschen rum, so zum Beispiel." Und jetzt schreie ich unvermittelt mindestens so laut wie er und versuche dabei auch die gerade gehörten Laute zu imitieren. Fast alle starren mich an. Oha, jetzt bist du zu weit gegangen, denke ich, du machst dich doch lächerlich mit so einem Auftritt, nachträglich erklären kannst du das jetzt auch nicht mehr.

Besser, du hättest nachgedacht vor dieser sogenannten paradoxen Intervention.

Da blicke ich wieder in Emres Gesicht und zu meiner Überraschung entdecke ich, wie sich langsam Verstehen ausbreitet und das Lächeln wieder erscheint. Der ganze junge Mann wird sogar geradezu von Freude durchschüttelt. Er erkennt sich in dieser Geschichte … und jetzt rettet er mich. Er fängt an vor mir auf - und abzuspringen, dabei lauthals und immer wieder „Check, Diggah, Check, Diggah!" zu rufen und mir begeistert Check zu geben, was auch immer das nun bedeuten soll. Die Situation ist aber gerettet, das Alphatier erkennbar auf meiner Seite und Ruhe im Biokurs. Ich kann anfangen.

Ein halbes Jahr später treffe ich ihn in einer Vertretungsstunde wieder. Die Realschulprüfungen sind vorbei, die meisten werden die Schule bald verlassen. Eine gute Gelegenheit mal zu fragen, was sie denn jetzt so machen werden.

Freiwilliges Soziales Jahr höre ich, Reise in die USA, die 10. Klasse wiederholen, Oberstufe, Ausbildung zur Krankenpflegerin, weiß nicht…, aber Emre weiß Bescheid und zeigt sich großzügig:

„Ich mach'n Puff auf. Wenn Sie vorbeikommen, kriegen Sie Rabatt bei mir, ich schwör."

DA BIN ICH

Lena sieht schon ziemlich wild aus. Ihre Eltern stammen aus Polen, sie mit Nasenpiercing, Netzstrümpfen - an einigen Stellen zerrissen - und Punkerfrisur. Sie guckt, wenn sie guckt, uns Erwachsene und auch etliche ihrer Mitschüler - böse an. Böse? Nein, ablehnend. Sie wirkt so, als liefe sie mit ständig aufgestellten Nackenhaaren umher. Lasst mich in Ruhe! Sie will nichts von uns, oder? Zwar unterrichte ich sie nicht, aber natürlich ist sie mir auf dem Schulgelände schon aufgefallen.

Eines Tages steht sie in der Nähe des Lehrerzimmers vor den Listen, auf denen die Zusammensetzung der Wahlpflichtkurse im Bereich Kunst und Musik bekannt gegeben wird. Ich bin noch ein Stück weit entfernt und vor mir geht Ella, eine ältere Kollegin, die auch Wahlpflichtkurse „Darstellendes Spiel" unterrichtet.

Plötzlich bleibt sie neben Lena stehen, schaut sie an und sagt - ich kann es hören, denn ich überhole sie gerade - : „Ich würde Sie gern mal unterrichten." Keine Reaktion. Etwas verächtlich sieht Lena meine Kollegin kurz an. Sagt nichts und guckt wieder auf die Listen. Ganz schön mutig, denke ich, eine Schülerin mit so einem Wunsch anzusprechen, sich damit eine Blöße zu geben mit der Gefahr, hinterher dumm da zu stehen. Aber meine Kollegin wirkt nicht irritiert. Sie wendet sich langsam ab, guckt weiter freundlich und geht hinter mir her ins Lehrerzimmer. „Kennst du die?", frage ich. „Nein", meint sie, „aber ich finde sie interessant."

Irgendwie bewundere ich sie. Sie ist so offen und aufgeschlossen.

Zwei Jahre später sitzen Ella und ich in der Cafeteria und klönen. „Ich hab wieder einen Darstellendes – Spiel - Kurs", erzählt sie, „und weißt du, wer dabei ist? Lena! Sie kommt rein, sieht mich an und sagt: ‚Da bin ich! '" Begeistert sieht Ella mich an und ich bin sprachlos.

Später erzählt Ella mir von diesem Kurs. Lena beteiligt sich mit großem Einsatz und hat auch die Idee zu dem selbst geschriebenen Stück, das der Kurs später aufführen wird. „Born to Live" heißt es und handelt vom Leben im Born. Ähneln die Probleme in großen Dramen den ihren? Lena wählt einen Auszug aus Goethes Faust, in dem Gretchen sagt:

„Deine liebe Hand! – Aber ach sie
ist feucht! Wische sie ab!
Mich deucht, ist Blut dran.
Ach Gott! Was hast du getan!"

Goethes Gretchen verliert den Verstand, Lenas Figur in „Born to Live" behält die Nerven.

Lena selbst hat nach der Schule an der Kunsthochschule studiert.

ABSOLUTE STILLE

Eine sehr liebe Klasse habe sie einmal wirklich so genervt, erzählt Beate, dass sie überhaupt nichts mehr gesagt habe. Die Schüler*innen hatten brav immer alle Aufgaben erfüllt und vor allem schriftlich prima gearbeitet. Mündlich war es schon immer schwierig gewesen und Beate hatte alles Mögliche versucht, die Situation zu verbessern. Diesmal ging es um die Gestaltung der Weihnachtsfeier. Keine Idee, niemand sagte etwas. Eigentlich Sache der Schüler, aber trotzdem, es kam nichts. „Was wollt ihr denn machen?" Antwort „Nichts." Nun wollte Beate auch nicht mehr. Schweigen. Eine Stunde lang. Die Tür ging auf, ein Kollege auf der Suche nach einem freien Raum. Er habe nichts gehört und gedacht, hier sei niemand. Ja dann weiter so, bis zum Klingeln. Die Klasse war dann auch später nicht gerade redselig, aber irgendjemand hat sich dann in solchen Situationen immer zu einem Beitrag aufgerafft, so gar nichts, das sollte nicht noch einmal passieren.

Ich habe mal etwas Ähnliches erlebt.

Zu Stundenbeginn sitzen die Schüler*innen, die Sozialpädagogin Birthe und ich als Lehrer im Kreis zusammen und besprechen das Vorgehen für den heutigen Tag. Es muss geplant, ausgewertet und dokumentiert werden. Allerdings handelt es sich nicht wirklich um ein Gespräch, eher werde ich zum Monologisieren gezwungen, denn es redet keiner mit mir. Etwas verunsichert sehe ich mich um. Matte Gesichter, den Blick in die Ferne, kein

Lächeln, es stört nicht einmal jemand. Auch Birthe wirkt nicht gerade begeistert. Nein, so wird das bestimmt nichts.

„Ihr seht so aus, als hättet ihr heute gar keine Lust", meine ich und ernte zustimmendes Gebrumme. „Was ist denn los?", will ich wissen. „Müde…", höre ich heraus, „keine Lust." „Wozu hättet ihr denn Lust?", frage ich nach und befürchte schon, dass da nichts zum Vorschein kommen wird.

„Schlafen", meint Katharina und lehnt den Kopf an ihre Nachbarin. Beifälliges Gemurmel. „OK, dann schlafen wir eben." Jetzt werden aber doch einige munter. „Ehrlich?" „Ja, aber nur, solange es total still ist und keiner einen Laut gibt." Sie sind begeistert. „Was meinen Sie, wie lange wir das durchhalten?", will Sandra wissen. „Nicht länger als 4 Minuten", schätze ich und ernte Protest. „Sie werden schon sehen, das halten wir die ganze Stunde durch." Ich bin gespannt. Dann beginnen die Vorbereitungen. Viele legen den Kopf auf den Tisch, eventuell noch mit einer weichen Jacke oder wenigstens einer Schultasche als Unterlage. Steven legt sich über 2 Stühle, wobei er in der Mitte etwas durchhängt. Sven legt sich längs auf einen Tisch, an dem niemand sitzt. Im Nebenraum kuscheln sich Elina, Sandra, Katharina und Leyla in unsere kleine Sitzecke.

Ich sehe mir das alles an und nach 2 Minuten kann es losgehen. Völlige Stille kehrt ein. Kein Mucks. Die Uhr läuft und ruckzuck sind 4 Minuten vorbei. Dann wird noch ein bisschen rumgeruckelt, wenn eine Position doch nicht so günstig ist.

Fast überall sehe ich geschlossene Augen und entspannte Gesichter, einige fangen an tief und gleichmäßig zu atmen, zwei schlafen ein. Nach 20 Minuten schreibe ich auf einen

Zettel „Und dabei verdienen wir Geld!" und halte ihn zu
Birthe hoch. Wir schmunzeln und genießen. Als es klingelt,
kommen alle langsam wieder zu sich und freuen sich, dass
sie es geschafft haben.

„Können wir nochmal eine Schlafstunde machen?", ist eine
später häufig gestellte Frage, die ich aber leider nie wieder
bejaht habe, es gibt ja immer etwas viel Wichtigeres zu tun.

DYSKALKULIE

An unserer Schule haben wir von Zeit zu Zeit Unterstützung
von einem Kollegen aus dem Beratungszentrum. Er heißt
Höfl und nimmt dann auch an unserer Sitzung teil.

Montag, 3. Stunde, ich komme von der Pausenaufsicht in den
Beratungsraum. Die Runde ist schon komplett, Mist, ich bin
schon wieder zu spät. Auch Herr Höfl ist da,
zusammengesunken sitzt er auf dem Sofa, das nebenbei
bemerkt 10 Jahre zuvor von meiner Patentante wegen damals
geringfügiger Verschleißerscheinungen und modischer
Zweifelhaftigkeit aussortiert wurde und immer noch in
diesem Beratungsraum steht. Er hat die Beine eng
umeinander herum geschlagen, den Kopf in der Hand
vergraben. Vielleicht denkt er über etwas nach.

Für heute hat mir eine Kollegin einen „Fall" mit auf den Weg
gegeben, sie bittet um Unterstützung. Es handelt sich um
Meltem, ein sehr nettes und freundliches Mädchen, das
wirklich daran arbeitet, sich in der Schule zu verbessern.
Aber in Mathe wird das irgendwie nichts. Wenn sie
überhaupt einmal etwas verstanden habe, vergesse sie es

sofort wieder. Die Kollegin wisse nicht mehr, wie sie dem Mädchen helfen könne, es handele sich wohl um einen Fall von Dyskalkulie. Als ich an der Reihe bin, stelle ich den Fall vor. Tja, schwierig. Es werden verschiedene Vorschläge gemacht und Telefonnummern weitergegeben. Klingt aber alles nicht sehr hoffnungsvoll. Da erwacht Herr Höfl. Er könne an eine CD -Rom herankommen mit einem Lernprogramm, das auch Jugendliche anspreche. Wenn Meltems Familie einen PC habe (das war zu der Zeit noch nicht ganz selbstverständlich), könne das vielleicht helfen. Gute Idee, Einsatz neuer Medien. Wann er das besorgen könne? Eine Woche später hat er eine CD - Rom dabei. Meltem selbst kann damit nicht umgehen, sie wisse nicht wie das geht. Also telefonieren wir mit ihrer großen Schwester, die sich darum kümmern will. Die nächsten Tage frage ich Meltem fast täglich, ob das denn nun geklappt habe mit der CD. Irgendwann hat ihre Schwester Zeit gehabt und Meltem kann Erfolg vermelden. „Aber das ist nur eine Installations - CD, sagt meine Schwester, da fehlt noch die Lernsoftware, glaub ich", meint sie. Und ich hatte gedacht, dieses Thema sei nun endlich durch und die erhofften mathematischen Fortschritte auf den Weg gebracht. „Gut, Meltem, dann muss ich nochmal Herrn Höfl fragen." Schon 2 Wochen später kann ich ihr die gewünschte CD überreichen. Wird schon klappen, denke ich und erkundige mich diesmal erst später wieder nach dem Erfolg. „Hat das denn jetzt geklappt, Meltem?" „Ja, das geht." „Und arbeitest du damit, hilft es dir?" „Nö, eigentlich nicht so recht." Mist. Ich habe das schon so oft erlebt. So viele gut gemeinte Hilfen helfen am Ende gar nicht. Es ist wie immer, denke ich. Aber gut, dass ich noch einmal nachfrage, denn es ist gar nicht wie immer. „Woran liegt das denn? Kannst mir das erklären, Meltem?" „Ja. Das ist ja ein Englischprogramm, da gibt's gar nichts mit Mathe."

Nun bin ich aber sprachlos, komme mir Meltem und der Kollegin gegenüber auch ziemlich blöd vor.

Als ich Herrn Höfl auf der nächsten Sitzung damit konfrontieren will, nimmt er mir den Wind aus den Segeln: „Ja, das weiß ich, dass das Englisch ist, aber ich dachte, besser als nichts." Da sag mal einer was dagegen. Schweigen in der Runde.

ERFREULICHE ENTWICKLUNG

GUT SO?

Jayanti, 10 Jahre, ist neu auf der weiterführenden Schule. Mit den vielen Großen. Gedanklich ist sie noch auf der Grundschule und so spricht sie auch. Mit ganz hoher niedliches - Mädchen - Stimme beginnt sie immer, wenn sie mich etwas fragen will, etwa so: „Herr Bentha-a-ack?", wobei das nicht 3 einzelne „a" sind, sondern ein sehr langgezogenes. Jayanti senkt dabei im 2. Teil die Stimme etwas ab und hebt sie dann im 3. Teil fragend über die ursprüngliche Tonhöhe wieder an.

Irgendwie rührt es mich und mein Helferinstinkt springt sofort an. „Könn'n Sie mal ko – o – omm?" Natürlich. „Könn'n Sie mir mal helfe – e – en?" Ja, gleich. „Ich muss Ihn'n was zei – ei – eig'n!" Was denn? Usw.

Ein bis zwei Wochen lang denke ich, dass sich das bald von allein geben würde, aber das tut es nicht. „ Hab ich ni – i – icht!" „Waru – u – um?" „Könn' Sie das ma' ankucke – e - en?" Da muss sich etwas ändern. „Jayanti, du bist jetzt in der 5. Klasse, hast eine kleine Schwester, auf die du manchmal aufpassen musst, und du hast ja auch schon so viel gelernt. Versuch doch auch mal wie eine Große zu sprechen." „Ja – a - a?" So versuche ich etwas auf sie einzuwirken, aber sie bleibt bei der gewohnten Intonierung, so dass ich eines Tages während der Pausenaufsicht im Jahrgangsraum zu ihr sage: „Jayanti, wenn du nicht versuchst, deine Babysprache abzustellen, höre ich nicht mehr hin, wenn du etwas möchtest." „Wie de – e – enn? Wie soll ich das mache – e - en?" Sie solle versuchen tiefer zu sprechen, schlage ich vor und versuche ihr auch durch Vorsprechen einen Hinweis zu geben, was sie verändern sollte.

Das versucht sie nun wirklich, zunächst mal mit meinem Namen, denn ich soll ja wieder zuhören. Es scheint nicht ganz leicht zu sein, denn sie übt mit Unterstützung einer Freundin eine ganze Weile und dann wird es auch etwas. Ihre Stimme klingt jetzt zwar so, als bemühe sie sich, wie der böse Wolf in Rotkäppchen zu klingen, aber die etwas quengelige Babystimme ist weg und ich reagiere wieder, als sie mich anspricht: „Herr Benthack?!" „Ja", antworte ich jetzt, finde, dass das gut geklappt hat und will gerade zu einem Lob ansetzen. Doch sie kommt mir zuvor. Wieder ganz die alte fragt sie strahlend:

„Gut so – o – o – o??" Noch nicht ganz. Aber bald.

Jayanti hat sich später mit großem Verantwortungsbewusstsein und sehr „erwachsen" an unserer Schule für vieles eingesetzt und sich dabei zum Beispiel auch um Schüler und Schülerinnen der fünften Klassen gekümmert.

COUSINE

Nach der Aufführung des von Oberstufenschüler*innen im Theaterkurs selbst geschriebenen Stückes „Born to Live" geht meine Kollegin Gitta mit den Darsteller*innen essen in ein orientalisches Restaurant in Bahrenfeld. Innen ist es etwas zeltartig, man kann Wasserpfeife rauchen, die Sitze sind niedrig. Genau die richtige Atmosphäre, um nach einer tollen Aufführung runter - und miteinander ins Gespräch zu kommen.

Die Mädchen hatten das Stück selbst entwickelt und ihr Leben im Born (Hochhaussiedlung Osdorfer Born) zu Frauenschicksalen in großen Dramen in Beziehung gesetzt. Die Proben waren ziemlich nervenaufreibend gewesen, da es überall persönliche Probleme gab. Canan hatte sich beispielsweise – so wird Gitta später berichtet – einmal während des Kurses absichtlich selbst in Ohnmacht fallen lassen durch eine bestimmte Atemtechnik o.ä., damit sie ins Krankenhaus käme, weil sie glaubte, ihren Eltern möglicherweise dort besser erzählen zu können, was sie sich zu erzählen nicht traute, dass sie nämlich einen Freund hatte.

Anna war von ihrer vorherigen Schule abgeschult worden wegen verschiedener Regelverstöße und hatte in diesem Stück eine Frau gespielt, die brutal geschlagen worden war, hinter der schon die Polizei her gewesen war, die auf der Flucht vom Balkon gesprungen und selbst gewalttätig und Drogenkonsumentin geworden war. Wie sie Gitta erzählte, sei das Schicksal einer Cousine eine Art Vorlage für diese Figur gewesen. Von den Dramen wählt sie die Medea. „Medea tötet ihre Kinder. Wird auch Anna töten?", heißt es im Programmtext zur Aufführung.

Nun sitzt Anna neben Gitta und spricht über ihr Leben. Schon dreimal sei sie der Schule verwiesen worden. Nie und nirgends sei ihr ein Neuanfang gelungen. Auf dieser Schule habe sie aber Glück gehabt und dazu habe auch der Schulleiter beigetragen, der sie gleich am ersten Tag zu sich gerufen und mit ihr gesprochen habe. Sie habe es dann tatsächlich in die Oberstufe geschafft und auch in diesen Theaterkurs.

„Und, ehrlich gesagt, ich habe nicht meine Cousine gespielt, Gitta, das war ich selbst." Dann legt sie Gitta die Hand auf den Arm und fügt hinzu: „Ihr dürft nie aufgeben!"

ZWISCHEN DEN WELTEN

Karim kommt aus Afghanistan. Er ist relativ klein und zierlich, aber unglaublich energiegeladen und immer aktiv. Seine Ausstrahlung macht ihn bei seinen Mitschülern beliebt und auch schon mal zum Klassensprecher. Im Unterricht ist er zappelig, ständig in irgendeine untergründige Nerverei verwickelt, stört oft seine gesamte Umgebung, redet unentwegt dazwischen; zu stoppen ist er eigentlich nur von seiner Mitschülerin Sema, die groß, kräftig und etwas mütterlich wirkend ihm ab und zu die Grenzen aufzeigt, wenn es ihr zu viel wird.

Unter seinem Tisch stapeln sich Zettel, Mappen, Verpackungsreste, nicht gemachte Hausaufgaben, Mitteilungsblätter an die Eltern, Klassenarbeiten, die er zurückbekommen hat. Er wird das alles höchstens noch einmal in die Hand nehmen - wenn er bei der großen Säuberungsaktion vor den Sommerferien nicht gerade fehlt.

Oft hat er gar keine Schulsachen dabei, sieht sich - zumindest nach außen - aber als jemand auf der Überholspur. Er wirkt dabei aber meist fröhlich, liebenswert und irgendwie gewitzt, in ernste oder heftige Auseinandersetzungen lässt er sich nicht verwickeln. Von sich selbst redet er als einem der Größten. „Klar, ich mach das schon, … Sie werden schon sehen …", sind seine Standardantworten auf Vorhaltungen und Ermahnungen von Lehrerseite.

So auch bei der Suche nach einem Praktikumsplatz. In zwei Wochen ist es soweit und seine Lehrerinnen, Beate und Michaela, machen sich wieder mal große Sorgen um ihn. „Ach, das macht nichts", meint er voller Selbstüberzeugung, „ich geh einfach los, da find' ich schon was." Spaziert also in eine nahegelegene kleine Firma, die medizinische Geräte herstellt, hinein, fragt, ob man vielleicht einen Platz für ihn habe und überzeugt den Besitzer sofort durch seine frische und offene Art von sich.

Als seine Lehrerinnen dann ihren Praktikumsbesuch bei ihm abstatten, ist auch alles prächtig gelaufen, Karim wird für seinen Einsatz und seine Verständigkeit gelobt, und so machen sich Beate und Michaela erleichtert wieder auf den Weg.

Dass Karim am nächsten Tag seine Praktikumsstelle nicht mehr aufsucht, sondern wieder in der Schule erscheint, überrascht sie dann doch sehr. Wieso ist er von gestern auf heute rausgeflogen? „Da war ein Aschenbecher auf dem Tisch festgeklebt und ich soll das gewesen sein", berichtet er und deutet mit treuem Blick aus braunen Augen an, dass ihm - wie gewohnt - großes Unrecht widerfahren ist. „Und? Warst du's?", Michaela lässt nicht locker und befragt ihn erstmal weiter. Sie würde ihm ja gern glauben, aber die Erfahrung hat sie gelehrt, sich nicht so schnell zufrieden zu geben. „Ja, OK, ich war's", gibt Karim dann auch nach einiger Zeit zu. „Warum denn bloß? Es ist doch alles so gut gelaufen!" „Naja, ich wollte mal sehen, wie die Leute reagieren", setzt er zu einer Erklärung an und gibt jetzt den Zerknirschten. Eigentlich ist es ihm aber irgendwie gar nicht wichtig.

Beate und Michaela machen sich also weiter Sorgen um den jungen Mann, befürchten, er könne an den Herausforderungen scheitern, die der Spagat zwischen den Welten und die ganz unterschiedlichen Rollenerwartungen, denen er gerecht werden muss, ihm abverlangen. Er wird zwischen den Welten zerrieben, meint Beate. Aber sie geben nicht auf. Karim auch nicht. Schafft später sogar das Abitur. Selbstverständlich - allerdings knapp.

Ganz ähnlich bei Anika. Während eines Besuches in der sehr eindrucksvollen Ausstellung „Fluchtwege", in der zum Schluss 2 klitzekleine Räume gezeigt wurden, die so in etwa Unterkunft für Flüchtlinge gewesen sein sollen, ruft Anika plötzlich fröhlich: „Gucken Sie mal, in so was haben wir 2 Jahre gewohnt!" Ziemlich überrascht hat Beate da das „bedrückend Zusammengepferchte" dieser Situation sehr stark nachempfunden.

Die Schule war nicht so recht was für Anika, sie hatte viele Misserfolge, schwänzte sogar. Wirklich erfolgreich sei sie aber im Praktikum bei einem Bäcker gewesen. Der Betreiber habe ihr schon nach kürzester Zeit praktisch alle Aufgaben übertragen können, sogar die Kasse. Die Schule hat sie dann knapp geschafft.

Aber dann: Beate traf sie nach einem Jahr in einer Pizzeria wieder, wo Anika jobbte. Nebenbei ging sie weiter zur Schule, jetzt mit Erfolg. Eine ganze Zeit später sah Beates Kollegin Michaela Anika in einer Bäckerei wieder. Anikas neues Ziel: ein Studium.

WENN ES UM ERNSTE SACHEN GEHT, SCHAFFT SIE DAS!

Wenn ich eine Klasse abgebe, frage ich die Schüler*innen gern nach ihren Erlebnissen und lustigen Geschichten. Meine liebste Geschichte erzählt mir einmal Nora, immer noch ziemlich aufgeregt, denn es handelt sich dabei um etwas wirklich „Illegales".

„Ja also, Sandra und ich, wir wollten in den Differenzierungsraum und wir wollten schlafen", erzählt sie und lacht dabei, „und dann wollten wir halt da drin schlafen, aber wir haben Herrn Lachsmann gesehen und wir dachten, er hätte uns auch gesehen, als wir reingegangen sind. ... Damit er uns nicht findet, haben wir uns im Schrank versteckt." Ich kann mir aber kaum vorstellen, wie sie das gemacht haben, die Schränke sind doch viel zu klein für zwei. „Also nee, nein Sandra in den einen Schrank, sie stand und ich lag in dem andern." Da muss ich nun auch lachen. „Und dann haben wir bemerkt, nicht Herr Lachsmann ist reingekommen, sondern Sie und eine andere Lehrerin - und dann haben Sie angefangen eine Klassenkonferenz zu besprechen." „Ich?!" „Ja, Sie und die Lehrerin. Haben halt eine Klassenkonferenz oder so besprochen …"

Oh je, eben noch ist es ganz gemütlich und nun bin ich plötzlich mittendrin und die beiden waren unbemerkt bei einer Klassenkonferenz dabei! Ich überlege fieberhaft, wann war die letzte? Wann in diesem Raum? Worum ging es? Wann war das? „… oder über irgendwelche Probleme von anderen oder so geredet." Ja, das kann schon eher sein! „Und dann, Sandra und ich waren in diesem Schrank - und wir hatten dann so Angst und dann hab ich ihr bei WhatsApp geschrieben." „In dem Schrank?", frage ich ungläubig und leicht alarmiert, weil ich ja noch nicht weiß, was die beiden vielleicht mitbekommen haben. Besonders, wenn sie wirklich bei einem Beratungsgespräch dabei gewesen sind. „Ja, ich hab mein Handy so rausgenommen, richtig leise, als ich dort lag, hab Sandra geschrieben, und ich hab mein Handy erstmal auf lautlos gemacht, damit ich keine Nachrichten bekomme und das dann nicht rauskommt. Dann hat halt Sandra ... ihr Handy hat vibriert, und Sie waren halt drinne und wir dachten sie haben's gehört, aber haben Sie nicht, haben Sandra und ich so geschrieben, ja was sollen wir jetzt machen, und Sandra meinte so ‚Soll'n wir rausgehen?'" Das wollte Nora aber auf keinen Fall, sie muss jetzt wieder ein bisschen lachen. „Ich meinte nein, wir würden so Ärger bekommen, wir bleiben richtig lange im Schrank drinne, so lange, bis Sie gehen. Wir dachten, Sie gehen nach 10 Minuten, weil sie sich so bewegt haben, aber nein, Sie waren noch 40 Minuten drinne oder so."

Die Geschichte wird ja immer verrückter und mir ist immer noch nicht eingefallen, was für eine Konferenz das gewesen sein könnte. Aber ich bleibe nach außen erstmal weiter blocker. „So lange?", frage ich. „Ja und ähm, mein Arm hat auch so wehgetan, ich war die ganze Zeit so im Schrank, ich musste mich auf meinen Arm stützen, 40 Minuten lang und ich konnte mich nicht bewegen. Und das Schlimmste war, meine Schranktür war auch noch so ein Stück offen - also 10 cm oder so auf - Sie hätten mich eigentlich sehen können, Sie müssten nur reingucken und schon hätten Sie mich gesehen - oh mein Gott, Sandra und ich, wir hatten so Angst - wir haben gebetet im Schrank." Aufgeregt ist sie beim Erzählen immer noch, aber sie lacht wieder. „Wir hatten richtig Angst. Ja, auf jeden Fall, danach sind Sie rausgegangen und Sandra und ich ..."

Da fällt mir ein, dass ich dann ja wohl den Raum abgeschlossen haben müsste. „Ja, dann haben wir Nesrin angeschrieben und Rafael und Esra, dass sie rauskommen sollen aus ihrem Unterricht und irgendjemanden holen sollen, um die Tür aufzuschließen, dann ist Nesrin mit einem Lehrer gekommen, dann hat er gefragt, was wir gemacht haben. Meinten wir, wir haben geschlafen!" Das findet sie auch im Nachhinein noch ziemlich gelungen und freut sich. Ich wundere mich über die rege Handynutzung während des Unterrichts, bin innerlich immer noch nicht ganz entspannt und frage, ob sie sich denn nicht mehr erinnern könne, mit wem ich dagewesen sei. Nein, sie habe die Person nicht richtig sehen, an der Stimme nicht erkennen und auch insgesamt überhaupt nicht zuhören können. Da fällt mir jetzt ein Stein vom Herzen. „Ein Glück!", denke ich erleichtert. „Ich hatte so Angst, mein Herz hat richtig gerast, Sandra und ich - wir hatten richtig Angst! ... Und wir sind 20 Minuten zu spät gekommen und Sandra hat auch noch einen Test geschrieben!"

Warum sie denn nicht einfach aus den Schränken herausgekommen seien, will ich noch wissen. „Weil wir nicht wollten, dass Herr Lachsmann uns sieht!" Da lacht sie wieder. „Und als Sie reinkamen, dachten wir, Sie wären Herr Lachsmann!" Jetzt freuen wir uns beide und ich stelle mir vor, was das für eine Überraschung gewesen wäre, wenn die beiden plötzlich aus den Schränken gekommen wären. „**Wär'n** wir am Anfang rausgegangen, dann wär's noch gegangen, ja, aber Sandra wollte einfach rausgehen, rauslaufen und so tun, als wär sie nicht dort. Da meinte ich, ich kann aber nicht einfach rauslaufen, weil meine Tasche ist über mir, also im Regal und da muss ich die erstmal nehmen und dann ... sehen Sie mich schon."

„Eine unglaubliche Geschichte!", meine ich noch und wundere mich, dass die beiden es so lange ausgehalten haben, besonders Sandra, wo die doch sonst oft so unruhig ist. „Ja, wenn das um ernste Sachen geht, schafft sie das", freut sich Nora. „Ja. Und ich weiß noch, das war an einem Freitag." und Nora hatte dann noch eine Entschuldigung für ihre Verspätung: „Ich meinte dann, ich musste noch nach Hause gehen, mich umziehen, weil ich Kakao oder so auf mich gekippt hab."

Wenn ich an diese Geschichte denke, muss ich immer noch lachen. Wirklich.

ERSTMAL PULLERN!

Pro Halbjahr 2 Elternsprechtage. Besonders **der erste ist immer** sehr anstrengend. Erst 4 Stunden Unterricht, Mittagspausenaufsicht, dann von 15 bis 21 Uhr Gespräche. Die alle länger dauern als geplant und so wird's doch 22 Uhr, mindestens.

Schon bei meinem allerersten Sprechtag ging es gründlich schief. Um 22 Uhr waren zwar die letzten Eltern draußen, ich habe dann mit meinem Kollegen noch resümiert und aufgeräumt und dann ... war die Schule abgeschlossen. „Na klar, die Hausmeister schließen ab um 22 Uhr, wusstest du das nicht." Nein, sagt einem ja keiner. Und nun? Wir laufen durch die ganze Schule, erstmal einen Durchgang nach unten finden, oh je, auch zu. Irgendwo ein Raum mit Telefon? Handys waren 1991 ja noch nicht fertig gedacht. Dann zum Glück doch noch eine offene Tür nach unten und durch das Fenster eines Klassenraums ausgestiegen auf den Schulhof. Fenster blieben dann natürlich offen, bis Mitternacht keinen Hausmeister erreicht, also so gelassen. Hat keiner mitgekriegt.

Dieses Mal erscheint die erste Mutter vorzeitig. „Hallöchen Popöchen!", tönt es schon auf den Gang, sie und ihr Sohn stehen in der Tür, sind kurz davor einzutreten, wenn da nicht noch was wäre. „Moment, muss kurz noch mal ... (kleine Pause) ... pullern gehen!", ruft Frau Dembrowski und verschwindet. Verlassen steht der kleine Benny in der Tür. Ich sehe meine Kollegin Christa an. Lachen dürfen wir ja jetzt nicht, auch nichts sagen, außer: „Dann komm rein, Benny, setz dich schon mal hin." Er kriegt dann auch bereits sein Zeugnis und dann „So, fertig!", kommt auch schon die Mutter dazu. Sie redet. Viel. Benny schweigt. So geht das immer. Sie meint, er solle mal mehr aus sich herauskommen. Er schweigt und redet, wenn überhaupt, sehr leise. Ich hab schon mal angedeutet, dass sie ihm ja auch wenig Raum lässt, aber das hat ihr nicht gefallen. Heute läuft alles wie gewohnt, bis das Gesprächsprotokoll unterschrieben werden soll. Benny sehr ordentlich, sehr klein, danach die Mutter, schwungvoll, raumgreifend wischt sie ihn auch hier zu Seite. Mindestens 7mal so groß, ihr Name. Das ist mir schon letztes Mal aufgefallen. Kann sie ihrem Sohn nicht einmal den Vortritt lassen? Es ärgert mich irgendwie. Da unterschreibe ich spontan noch viel größer, fast über eine halbe Seite und grinse in mich hinein.

Dann kommt Björn mit seiner Mutter. Die kenne ich noch gar nicht, denn bisher war Björn immer mit seinem Vater da gewesen, einem gewitzten Malocher, der seinem Sohn jedes Mal klarmachen will, dass nur schulisches Lernen eine Alternative zu dem von ihm geführten harten Arbeitsleben eröffnen könne. Man brauche sich nur zu entscheiden. Die sympathische und sehr freundliche Mutter stammt aus Indonesien und Björn kümmert sich rührend um sie, übersetzt, erklärt und wirkt plötzlich selbst wie ein Elternteil. Er ist ein riesiger Kerl, freundlich und meist zu Scherzen aufgelegt. Nie werde ich vergessen, wie er beim Unterschreiben zu seiner Mutter sagt: „Nein, hier unterschreiben! Nicht auf dem Zeugnis rummalen!" Sie strahlt ihn zufrieden an, unterschreibt an der richtigen Stelle und er geht das nächste Halbjahr optimistisch an, hat sich viel vorgenommen.

Schwierig ist es immer, wenn die Eltern mehr oder viel mehr wollen, als die Kinder momentan zu leisten imstande sind. „Was ist das für ein Zeugnis? Das will ich nicht sehen! Du machst Abitur!" Und schon fließen die Tränen. Esras Mutter ist besonders hartnäckig. „So ein Zeugnis seh ich gar nicht ein!", verkündet sie und ich muss ihrem Schimpfen schon sehr bestimmt Einhalt gebieten. Sonst könnten wir ja gar nichts besprechen.

Große Schwestern, sofern mit Migrationshintergrund und auch beim Gespräch dabei, sind meist noch strenger als die Eltern. Natürlich sehr freundlich, aber nur zu mir. Die kleine Schwester wird richtig runtergeputzt. „Wenn die große Schwester kommt, gibt's immer Tränen", sage ich mir und versuche schrittweise vorzugehen, Möglichkeiten aufzuzeigen und mittelfristig erreichbare Ziele abzustecken.

Soweit Beheshta überhaupt schon wieder gesprächsfähig ist. Aber die Große hält davon nicht viel: „Sie verstehen das nicht, Herr Benthack, bei uns machen alle Abitur!"

Nach 30 Jahren mit über 100 Elternsprechtagen und weit über 1000 Gesprächen bereitet mir Frau Nafissatou in meinem letzten Gespräch unwissentlich ein besonderes Abschiedsgeschenk. Ihr Sohn ist nach einigen schlechten Erfahrungen in der 10. Klasse zu uns gekommen, ihm gefällt es hier, die Leistungen stimmen und er wird sicherlich Abitur machen. Als sie sich verabschiedet, sagt sie: „Sie leisten richtig guten Job. Sie hören richtig zu. Sie nehmen sich richtig Zeit. Kann man auch so tun!"

Na, wenn sie das sagt ...

EINSATZ FÜR NORMEN UND WERTE

HÄSSLIGA

Endlich Mittagspause! Aber leider kann ich mich weder ausruhen, noch etwas essen und trinken, ich muss nacharbeiten lassen. Hakan.

Der ist eigentlich ganz niedlich, macht aber gerne was er will. Was an und für sich ja nicht verwerflich ist, aber im Arbeitslehreunterricht zu Komplikationen führt, denn ich muss ja nicht nur von Schüler zu Schüler gehen, helfen, trösten, Fragen beantworten und zum Weitermachen auch bei nicht unmittelbarem Erfolg motivieren, sondern bin auch für fachgerechte Werkzeugnutzung sowie Gewährleistung der Sicherheit zuständig und muss mich einigermaßen auf die Schüler*innen verlassen können.

Hakan hat in dieser Stunde zuerst alle Kabel, die unter der Decke hängend auf einer Vorrichtung aufgerollt sind und dort auch bleiben sollten, wenn sie nicht benötigt werden, am Stecker heruntergezogen. Einige seiner Nachbarn bekamen die dann leider „irgendwie" an den Kopf und sahen sich deswegen leider aufgefordert, durch gezieltes Hin- und Herschwingen den nächsten damit am Kopf zu treffen. Dafür die erste deutliche Ermahnung.

Die bereits bearbeiteten Holzleisten der Mitschüler hat er anschließend versteckt und durcheinander gebracht, möglicherweise sogar selbst genutzt und als die eigenen ausgegeben. Diesmal: Auszeit am Tisch, schriftliche Aufgabe. Die hat er nur hingeschmiert, unerlaubterweise ist er dann wieder aufgestanden. Anschließend: mit Metalllineal herumgefuchtelt, andere dabei berührt und zu Gegenmaßnahmen veranlasst. Dazwischengeredet. Verpiss dich gesagt usw.

Jetzt ist er also als Letzter immer noch da. Zuerst muss er die Stühle hochstellen. Alle! Ordentlich! Nicht so laut! Dann saugen. Im Arbeitslehreraum darf nicht gefegt werden, es muss gesaugt werden. Aus gesundheitlichen Gründen (Holzstauballergie). Ich musste das unterschreiben. Saugen mit einem extra zu diesem Zweck angeschafften „Industriestaubsauger". Der aber immer nervtötend zu piepen anfängt, wenn er verstopft ist. Und das ist er fast immer. Aus verschiedenen Gründen. Piep piep piep. Unaufhörlich. Schon 15 Jahre lang.

 Aber heute bekomme ich von Hakan etwas geschenkt. Er weiß es nur noch nicht. Muss vorher noch den Staubsauger wegstellen, die Schnur ordentlich aufräumen, die großen Holzstücke per Hand in den dafür vorgesehenen Container werfen. „Kann ich endlich gehen?" Nein, noch die Tafel wischen, überlegen, wie er sich nächstes Mal verhalten muss, damit er und ich dann hoffentlich auch rechtzeitig in die Mittagspause kommen. Das muss reichen, langsam tut er mir Leid.

„Ok, jetzt kannst du in die Mittagspause. Tschüss, Hakan!" Er verlässt den Ort des Schreckens durch die Tür an der anderen Seite des Raumes. Trotzdem kann ich hören, wie er leise vor sich hin schimpft. Und ich muss sagen, das ist meine ultimative Lieblings - Lehrerbeleidigung, die dann auch in meinen Sprachschatz und in den meiner Familie Eingang gefunden hat.

„Geh doch andere Schule!!! … Hässliga, aller ey!!", das finde ich so lustig, dass ich sehr fröhlich in die Restpause gehe.

„Geh doch anderes Zimmer!", sagt jetzt z.B. meine Frau, wenn ich mich ihr gegenüber mit diesem oder jenem unzufrieden zeige. Und wenn der uns entgegenkommende PKW mal wieder nicht rechtzeitig unsere Spur räumt, schleudern wir ihm voller Verachtung ein „Hässliga! … Aller, ey!" hinterher.

ZURÜCKBELEIDIGT –
ORIGINAL UND KEINE FÄLSCHUNG

In diesem Kapitel sollen Schüler einmal selbst zu Wort kommen. Und zwar während sie darüber reflektieren, warum sie sich nicht an die Regeln für ein friedliches, respektvolles und damit auch lernförderliches Miteinander an der Schule gehalten haben und wie sie das ändern wollen.

Eine erste Erklärung gibt Sarah: „Ich halte mich nicht an die Regeln, weil ich Scheißlaune wegen Frau Rüttgers und Frau Klingenberg hatte. Es könnte besser werden, wenn ich versuche mich zu beherrschen." Da kann man nur zustimmen.

Auch Aziz zeigt schon deutlich seine Fähigkeit zur Selbstreflektion: „Ich wird' in Zukunft versuchen, nicht mehr Kommentare abzugeben. Aber das ist sehr schwer, weil, wenn jemand anderes etwas Lustiges sagt, ist es sehr verlockend, auch etwas zu sagen und meistens werd' ich auch dabei erwischt und krieg Ärger. Es ist auch schon eine Angewohnheit geworden, so gut wie alles ins Lustige zu ziehen. Ab und zu wäre es auch gut ein(en) kleines(n) Kommentar abzugeben, damit die Atmosphäre nicht so angespannt ist, aber zu oft ist es auch nicht gut, weil keiner mehr dann richtig am Unterricht teilnehmen kann."

Oft sind es aber auch nur ganz normale zwischenmenschliche Probleme, die zu Regelverletzungen führen:

So schreibt Kenan: „Ich habe halt's Maul gesagt, weil er mich provoziert hat, aber das war nicht gut von mir. Nächstes Mal versuch ich leise zu sein und zu arbeiten. Es tut mir sehr leid, Herr Benthack."

Auch Suna tut es leid. Sie hat „abgeficktes Arsch" zu Tim gesagt, weil er ihre „privaten Briefe gelesen" hat. Natürlich soll das nie wieder vorkommen.

Um Provokation und die Folgen geht es dann auch hier: „Caner hat mich genervt und beschimpft, dann habe ich ihn auch beschimpft, aber das durfte ich nicht, ich müsste zum Lehrer gehen und es ihm sagen. Ich habe zu ihm fick dich gesagt, weil er mich genervt hat und er hat noch was viel Schlimmeres gesagt."

Noch schlimmer kann es wirklich kommen, wie Idris zu berichten weiß: „Hamit meinte seit 1 (einem) Monat zu mir nur Beleidigungen, dann meinte er zu mir ich ficke deine Oma im Grab usw., dann hat er mich gehauen und ich ihn."

Emma berichtet von diesem Vorfall ganz anders: „Idris hat Hamit in die Rippen geschlagen und denn (dann) ist Hamit ausgerastet und denn hat Idris mir (??) gedroht."

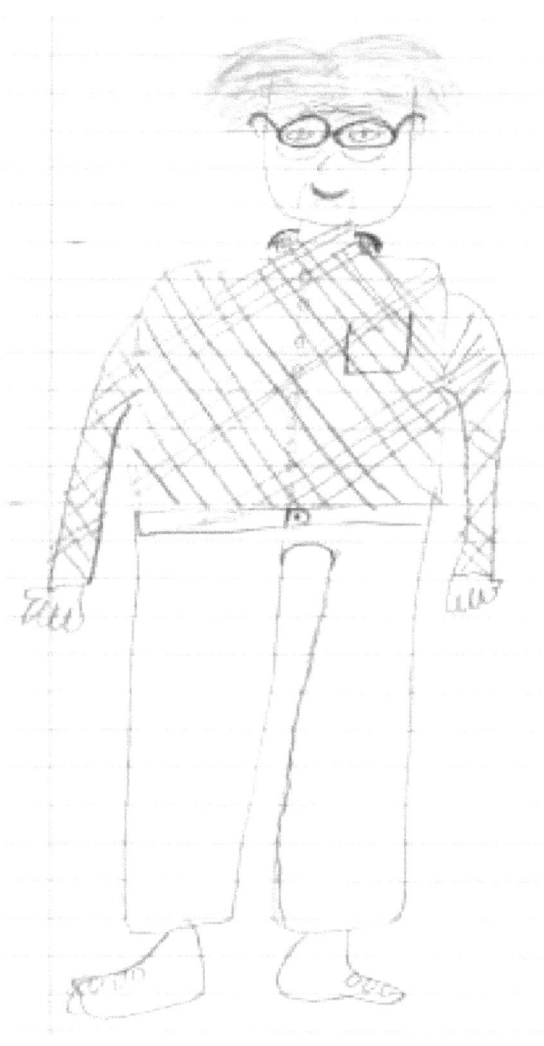

Herr Benthack

Johanna war auch dabei. Sie erinnert diesen Vorfall so: „Idris hat Hamit in'n Rücken geschlagen und dann ist Hamit sauer geworden und wollte zurückschlagen und dann hat Idris seine Mutter beleidigt und Hamit hat zurückbeleidigt. Hamit hat dann geweint und ist ausgerastet."

Wie fast immer wurde natürlich auch dieser Fall aufgearbeitet, für gerechte Konsequenzen und eine Wiederannäherung der Kontrahenten gesorgt.

Von einem Fall schwerer Kommunikationsstörung kann Emma später erneut berichten: „ Also, Idris hat mich zuerst die ganze Zeit angeguckt und das hat mich genervt. Er nervt mich generell, dann meinte ich Was guckst du? Und er meinte denn Halt's Maul. Später dann hat er mich die ganze Zeit angesprochen und ich meinte Nerv mal nicht und er wieder Halt's Maul, denn (dann) meinte ich Oh Junge, nerv mal nicht, Was's bei dir los, du Missgeburt. Denn meinte er Ey Mann, ich hau dich gleich, denn sagte ich: Junge, Mann, geh dich mal erhängen, keiner mag dich, geh mal wieder du Siff und jeder hasst dich. Denn meinte Frau Grothe Emma raus, denn meinte ich Komm Idris, schlag mich doch, ich hab keine Angst vor dir. Denn ist er mit einem Stuhl gekommen, aber ich habe trotzdem keine Angst und denn habe ich die Tür zugemacht." Puh ..., das ist ja nochmal gut gegangen.

So weit, so gut, doch als ich heute nach Hause komme, stehen vor unserem Grundstück der kleine Nachbarssohn Meiko und 2 noch kleinere Freundinnen. Wie niedlich die drei doch sind. Nur reißen sie leider Blumen aus unserem Garten ab. Etwas erschöpft interveniere ich und mache sie - eigentlich habe ich dazu überhaupt keine Lust mehr - auf ihr Fehlverhalten aufmerksam.

„Wieso?", meint Meiko (5 Jahre), das haben wir doch schon tausendmal gemacht." Dass etwas mit den in letzter Zeit irgendwie ungewöhnlich schnell verblühenden Pflanzen nicht stimmen konnte, war mir auch schon aufgefallen. Also ich versuche es noch einmal: „Stell dir vor, ich würde jetzt zu eurem Garten gehen und dort die Blumen kaputt machen, die du mit deinem Papi gepflanzt hast. Was würde der dazu sagen?" Zugegeben keine besonders intelligente Intervention. Aber immerhin. Keine Reaktion. Dann: „Sach ich nich!" Sonst nichts.

Ich geb's auf und gehe weiter zu unserer Eingangstür. Da ruft Meiko – umrahmt von den beiden Mädchen – mir aus sicherer Entfernung nach: „Wenn wir mehr wären, würden wir dich ins Wasser schubsen!"

Wenn ich Glück habe, greifen wir das in 5 Jahren noch einmal auf, vielleicht kommt Meiko ja in meine Klasse.

BEOBACHTET

Noch nicht 3 Monate in der neuen Schule muss Emely (10) sich mit einer neuen Art von Herausforderung auseinandersetzen. Sie hat einen Drohbrief bekommen. Ganz vorbildlich hat sie mit den Eltern darüber gesprochen und ist von ihnen an mich verwiesen worden.

Der Drohbrief ist in der Art einer Halloween - Postkarte gestaltet, also mit gruseligem Gespenst namens „der

Unbekannte" vorne drauf, innen versehen mit angedeuteter Narbe und einer Art Blutlache. „Ich habe dich am 11.12. und am 12.12. beobachtet", heißt es darin, „wie du Irina und Melina angemeckert und geärgert hast. Wenn du das noch einmal machst, dann kriegst duuuu großen Ärger mit mir. Ich wohne nämlich auch in deiner Nähe. Doow(f)e Emely."

Tja, die Verfasserinnen waren damit eindeutig zu ermitteln, stritten zunächst aber alles ab und meinten, der Brief könne vielleicht ja auch von irgendjemandem geschrieben worden sein, der auch beobachtet habe, wie gemein Emely gewesen sei. Nach einiger Zeit gaben sie dann aber ihre Urheberschaft zu, zeigten allerdings keine Einsicht in die Fragwürdigkeit ihres Tuns. Viele ihrer Mitschüler machten so etwas auch und schließlich habe Emely selbst Schuld. Sie hätte sie ja nicht anmeckern müssen.

Die beiden Mädchen sind eigentlich sehr sympathisch und bisher überhaupt nicht durch irgendwelche Gemeinheiten aufgefallen. In den Pausen unterhalte ich mich oft mit ihnen und sie sehen mich meist fröhlich und interessiert an. Jetzt allerdings nicht. Ihre Haltung drückt Beleidigtsein und Trotz aus. Nein, sie fühlen sich ungerecht behandelt und sehen überhaupt nicht ein, was ich ihnen sage. Dabei sollen die beiden mir nicht nur zustimmen, damit ich sie in Ruhe lasse und sie wieder in die Pause dürfen, sondern wirklich zu verstehen, wie schlimm es für andere ist, so bedroht zu werden.

Also erzähle ich ihnen, der Fall habe sich ausgeweitet und es läge mir nun ein an sie adressierter Brief vor, den ich ihnen einmal vorlesen wolle. Langsam und in bedrohlichem Tonfall lese ich ihnen nun ihren eigenen Brief vor, setze aber in der Anrede ihre Namen ein.

Während eine von beiden wohl schon vermutet, dass es sich um ihren eigenen Brief an Emely handelt, blickt die andere erschrocken drein und äußert sich sehr betroffen, als ich sie frage, was für ein Gefühl es auslöst, wenn man auf diese Weise anonym bedroht wird:

„Ohhhhhh, … da kriegt man ja Angst."

Tatsächlich schreibt sie dann mehrere Entschuldigungsbriefe („Liebe nette Emely…Es tut mir sehr sehr sehr Leid und ich tu das wörg(irk)lich nie nie nie wieder … Sag es bitte, ob du dich vertragen willst oder kreuze hier Ja oder Nein an…") Dazu gemalte Blumensträuße und Herzchen. „Willst du dich wieder mit mir vertragen?", fragt sie noch, aber Emely kreuzt Nein an. Auch Irina hat zunächst keinen Erfolg mit ihrem Entschuldigungsbrief. „Ich hab den Brief ja nur geschrieben, kannst du mir bitte verzeihen!", schreibt sie. „Nein, ich will nicht!", antwortet Emely, tut es dann aber doch und ist dann bis Klasse 10 mit Melina befreundet.

Beobachtet wird im Allgemeinen natürlich viel. Besonders Streitigkeiten mit kritischem Verlauf. Da werden dann Beleidigungen und körperliche Auseinandersetzungen genau geschildert, aber mit den Worten „… wir konnten nicht mehr was tun, wir haben völlig vergessen einen Lehrer zu holen" abgeschlossen. So etwas erzählt auch Vivian: „Da haute Jana zu, packte Susis Haare, knallte sie mit voller Wucht gegen die Wand und haute nochmal zu." Sie sei dann fast zu Frau Behrend gegangen, habe dann aber doch lieber gewartet und weiter zugesehen und danach habe sich das eben nicht mehr gelohnt.

Natürlich haben wir oft über die Verantwortung der Beobachtenden gesprochen, über Zivilcourage und die

Möglichkeiten einzugreifen und zu helfen, sich für andere einzusetzen und nicht durch Herumstehen und Zugucken die Situation noch zu verschlimmern. In Rollenspielen und Übungen zum Einfühlen in andere ging es dann auch darum, wie gefühlte oder tatsächliche Hindernisse überwunden werden können.

ORIGINAL UND PROVOKATION

Wenn es nach mir ginge, würde man bestimmte Wörter einfach nicht sagen. Welche Wörter man z. B. nicht sagen soll, weiß Markus schon genau: „Wichser, Fick dich ins Ohr, Sackratte, Parasitenscheißer, Schrottfresser, Arschloch." Warum? Das weiß er auch: „Diese Wörter stören den Lehrer, lenken die Schüler ab und sind beleidigend." Immerhin nimmt er sich etwas vor: „Ich möchte versuchen, dass ich diese Wörter nicht mehr benutze." So weit sind aber noch nicht alle.

„Es tut mir Leid, dass ich zu Frau Ebert Fotze gesagt habe. ... Es ist mir aus dem Mund rausgekommen, weil ich eine Wut hatte.", erklärt Tanja ein wenig betroffen, während Inci noch nicht die rechte Einsicht in die Fragwürdigkeit ihres Verhaltens im Unterricht zeigt, wenn sie launig formuliert: „… Ich habe mich mitten im Unterricht umgedreht und habe laut gelacht und geschrien. Dann hat der Lehrer gesagt „Benimm dich wie eine Schülerin!" und dann habe ich gesagt „Benehmen Sie sich wie ein Lehrer." Und das war falsch von mir, weil das stört (!? Sonst nix?) Und den Unterricht (be)hindert …"

Und als Louis ausnahmsweise einmal Interesse am Biologieunterricht zeigt, fragt er Chantal: „… und wie weit ist es eigentlich von der Fotze bis zur Gebärmutter?" Sein Freund Ben möchte dem nicht nachstehen und erklärt einen anderen kleinen Vorfall so: „Herr Benthack meinte, er geht ein Gerät holen, dann meinte Yannik: ‚ein(en) Vibrator?' Ich habe mich angesprochen gefühlt, weil er mich angeguckt hat, dann meinte ich, das(s) er ihn sich selbst hinten reinschieben kann, daraufhin meinte Herr Benthack, dass wir schreiben müssen. Es war nur Spaß, aber ich sehe ein, das(s) es nicht in den Unterricht gehört. Entschuldigung!"

Einsichtig zeigt sich auch Roy: „Ich hab zu Dennis gesagt, dass gesoffen und gevögelt wird. War aber nur Spaß. Ich mach sowas ja nicht. Herr Benthack hat gesagt, ich soll aufhören und hab es nicht gemacht, aber ich werde jetzt auf ihn hören. Ich muss dafür jetzt vorne sitzen, weil ich es gesagt habe, aber in Zukunft hör ich auf den Lehrer. Weil das nicht nett ist. Und es ist provokativ und das ist Jugendsprache, was man nicht neben dem Lehrer sagen sollte."

Ein bisschen provokativ verhält sich dagegen noch Timo, über den sich eine Kollegin beschwert: „Während meiner Aufsicht in der Cafeteria habe ich Timo aufgefordert den bekleckerten Tisch abzuwischen. Seine Reaktion: Bin ich vom Sozialamt? …"

Mit Geduld und Wohlwollen versuchen wir die Probleme in den Griff zu bekommen. Dass Geduld und Wohlwollen aber nicht immer die Mittel der Wahl sind, wenn Unterrichtsstörungen vermieden werden sollen, hat sich natürlich auch schon herumgesprochen. Elina kann das bestätigen: „Ich und Katharina haben die ganze Zeit geredet und waren laut und dann hat Herr Benthack uns erwischt und meinte, wir sollen leise sein. Danach haben wir trotzdem weitergeredet und dann hat er uns schon zum 3. Mal ermahnt. Dann haben wir ein Bild ausgedruckt, was nicht zum Unterricht gehört! (das war falsch) und Herr Benthack hat uns erwischt und hat es zerrissen und dann haben wir es wieder ausgedruckt und haben wieder Ärger bekommen. Es tut uns Leid, wir machen es nie wieder und gehen nie wieder in verbotene Seiten rein, wie z.B. Facebook!" Na, das ist ja schön.

Abschließend soll noch einmal Aziz zu Wort kommen, hier noch in der 5. Klasse und mit altersgemäß noch nicht voll entwickeltem Selbstreflexionsvermögen: „Wladi ist mir hinterhergelaufen und dann hat er zu mir gesagt du Hurensohn, dann habe ich ihn am Hals gepackt. Dann sind seine Freunde gekommen. Und dann habe ich gesagt Missgeburt, Hohl (?), Hurensohn, Fehlgeburt, Penner, Hundesohn, Schwulerhund, fick dich, verpiss dich, Halsmaul (halt's Maul) und gleich danach haben wir uns vertragen."

BEIM GUTEN ERWISCHT

Im Rahmen des Klassenrats, den meine Kollegin Meike und ich gleich zu Beginn in unserer neuen 5. Klasse eingeführt und dann auch mindestens einmal die Woche durchgeführt haben, besprechen wir neuerdings immer den Punkt „Beim Guten erwischt." Hier können Schüler*innen solche Mitschüler nennen, die in der letzten Woche etwas besonders Gutes getan oder sich im Sinne der Nächstenliebe bzw. Entwicklung eines positiven Sozialklimas in der Klasse hervorgetan haben. Nach gemeinsamer Erörterung kann dann der Name auf den von Meike liebevoll gestalteten Aushang geschrieben und im Klassenbuch notiert werden. Wer dreimal „beim Guten erwischt" wird, soll dafür auch einen positiven Eintrag ins Zeugnis bekommen.

Als wir das Projekt der Klasse vorstellen, wird erstmal überlegt, was könnte denn z.B. so etwas Gutes sein? Da wird genannt: bei den Hausaufgaben helfen, sich bei Krankheit um jemanden kümmern, die Freundin trösten, nicht verpetzen, etwas abgegeben, z.B. ein Getränk, Brot oder Geld, keine Schimpfworte sagen, nicht schlagen, jemand verteidigen, wenn er von jemand anders geschlagen oder beleidigt wird, jemand anders davon abgehalten zu schlagen oder beleidigen, nicht im Unterricht stören, jemanden davon abhalten im Unterricht zu stören usw. usw.

Schnell stellen wir fest, dass das alles so einfach ja gar nicht ist. Etliche Vorschläge müssen wir ablehnen, andere modifizieren. Aber der Weg ist das Ziel und schließlich hat es auch schon einen positiven Effekt, dies alles ausführlich zu besprechen und abzuwägen.

In der ersten Woche läuft alles prima, es werden Schüler und Schülerinnen vorgeschlagen und dann auch auf den Aushang geschrieben, die sonst eher untergebuttert werden, sich aber friedlich und freundlich verhalten, vielleicht sogar Verantwortung übernehmen. Ihnen wird auf diese Weise mehr Wertschätzung entgegengebracht, sie haben Grund zur Freude.

Eine Woche später dann eine Überraschung. Jojo, ein dominanter Junge, der uns viele Schwierigkeiten macht und sich überhaupt nicht an Regeln halten mag

(„herausforderndes Schülerverhalten" wird das jetzt genannt), wird vorgeschlagen. Das ist ja erfreulich. Andere bestätigen den Vorfall. Jojo also beim Guten erwischt. Anerkennung, Lob. Sonst alles wie beim letzten Mal.

In der dritten Woche entwickelt das Ganze eine merkwürdige Eigendynamik. Jojo habe diesmal Caner vom Schlagen abgehalten. Caner habe Ferhat immer etwas zu trinken abgegeben, Can wiederum sei Caner bei den Hausaufgaben behilflich gewesen und umgekehrt. Außerdem habe Can Emely nicht beschimpft, weil Ferhat ihn davon abgehalten habe und auch Jojo sei großzügig gewesen und habe den anderen von seinem Essen abgegeben. Dieser habe daher in dieser Woche sogar einen zweifachen Lob - Eintrag verdient. Usw. Offensichtlich eine Art konzertierte Aktion. Andere Schüler kommen kaum noch zu Wort bzw. trauen sich nicht mehr.

„Beim Guten erwischt" setzen wir dann erstmal aus, weil nun die dominanten Jungen in der Klasse, ohne ihr Verhalten wesentlich zu verändern, durch irgendwelche Zeugen beweisen wollen, wie gut sie gewesen seien und den Rest der Klasse unmissverständlich auffordern, das Behauptete zu bestätigen. Da ist die Empörung natürlich erstmal groß. Aber ein bisschen Zeit, um unser Vorgehen zu überdenken, haben wir doch nötig.

Dass in den ersten Monaten mit dieser neuen 5. Klasse die Maßstäbe für Recht und Unrecht dringend neu justiert werden müssen, haben uns dann auch andere Vorfälle deutlich gemacht. Es wechselte nämlich auch persönlicher Besitz immer häufiger auf überraschende Art und Weise den Eigentümer.

Zum Beispiel so: Wenn einer der Jungen im Klassenraum Turnschuhe oder Füllfederhalter liegen sah und sich gerade kein Besitzer meldete, bot er sie einem Freund für 50 Cent zum Kauf an. War der Handel dann perfekt, hatte der ursprüngliche Besitzer keine Chance mehr, sein Eigentum zurückzubekommen. Der neue Besitzer hatte sie ja - seiner Meinung nach - rechtmäßig erworben.

Manchmal zeigte sich der „Verkäufer" dann großzügig und bot dem ursprünglichen Besitzer an: „OK, dann geb' ich dir die 50 Cent, ich will dich ja nicht abzocken…" Aber das half ja nun auch ganz und gar nicht. Und insistierte der ursprüngliche Besitzer auf Rückgabe, stand er plötzlich wie ein selbstsüchtiger Egoist, ja fast schon wie eine Art Dieb da.

Als ich davon erfuhr, musste ich erstmal auch einige Eltern darauf hinweisen, dass sie solche günstigen Ver- und besonders Einkäufe auf keinen Fall tolerieren dürften. Einige von ihnen vermittelten mir nämlich in Telefongesprächen, die ich wegen dieser Vorfälle führte, den Eindruck, dass auch sie sich nur ungern von den neu (und günstig) erworbenen Gegenständen trennen mochten.

Dass es darüber hinaus nicht korrekt und schon gar kein Beitrag zu einem respektvollen und friedlichen Miteinander ist, zu zweit an einem Eingang zu stehen, einzelne hereinkommende Personen nach 50 Cent fürs Mittagessen zu fragen und dann nicht recht Platz zu machen, bevor nicht gezahlt wird, gehört außerdem zu diesem Themenkreis, dem wir uns nun einige Zeit dringend widmen mussten.

NICHT GLEICH DISKUTIEREN

Wer im Unterricht stört und rausfliegt, muss erstmal aufschreiben, welche Regel verletzt wurde, was das Fehlverhalten war, wie es weitergehen soll usw. Oft geht es bei dieser Selbstreflektion dann aber mehr um Schuldzuweisungen an andere, insbesondere an Lehrkräfte. Das liest sich manchmal recht lustig:

„... und weil wir nebeneinander saßen, fühlte Herr Hiller sich gleich angegriffen. Ich würde sagen, er sollte sich ändern, indem er uns erstmal ermahnt und nicht gleich diskutiert wegen Kleinigkeiten oder beleidigt." Oh la la! Aber es geht noch besser: „Wir saßen ganz normal da ... und haben gelacht. Und dann ist dieser Möchtegernlehrer aufgestanden und hat uns angemacht und wir wurden auch lauter ... hmmm, ich finde, er sollte sich ändern und uns in Ruhe lassen, denn er fängt immer an zu diskutieren."

Dann Gamse. Sie hat „angeblich den Vogel gezeigt", was sie aber gar nicht getan habe. Sie reflektiert dies nun intensiv. „Ich habe nur mein(en) Finger an den Kopf gehalten, mehr nicht!" Ah, bahnt sich hier Einsicht an? „ Und wenn es der Vogel wäre, wäre es doch nicht schlimm!" Naja, das kann man auch anders sehen. Gamse bemerkt das wohl auch und versucht es deshalb nun doch lieber so: „Ich habe den Vogel auf jeden Fall nicht gezeigt. Und jetzt wollen die ganz unnötig mir einen Brief nach Hause schicken! Wie kommen die darauf?" Und schon verfolgt Gamse eine neue Argumentationslinie: „Haha, was für einen Vogel? So dumm bin ich ja nicht!" Nein, aber einfallsreich, denn sie hat gleich die nächste Idee. „Aber wenn die Lehrer uns den Vogel zeigen, ist nicht schlimm, nä?" Doch, ... aber schon wieder egal, denn abschließend steht es fest: „FAKT IST ICH HABE KEINEN VOGEL GEZEIGT."

Natürlich machen einige Schüler*innen bei der schriftlichen Reflektion einfach nicht richtig mit. Jalal z.B. fasst sich sehr kurz, nachdem er im Werkunterricht eine Leiste zertreten hat.

Wie ist es dazu gekommen? „Ich habe eine Holzleiste zertreten, weil ich eigentlich ein Mädchen treten wollte (Wie bitte?) und sie eine Holzleiste vorgehalten hat und dann habe ich aus Versehen die Holzleiste durchbrochen." Ach, die arme Holzleiste. Der Ehrlichkeit fühlt er sich dann auch in einem anderen Fall verpflichtet: „Can hat mich beleidigt und dann hab ich ihn beleidigt, dann wollte er mich schlagen, aber hat er nicht geschafft, dann hab ich ihn geschlagen!" Aber …, Ehrlichkeit allein ist auch nicht alles.

Verschiedentlich gelingt es Schüler*innen auch einfach nicht, etwas Kritisches an ihrem Handeln zu entdecken. So versucht Ole, der wegen wiederholten Störens vor der Tür des Werkraums schriftlich über sein Verhalten nachdenkt, wortreich zu erklären, warum er gar nichts getan und ich wieder alles falsch verstanden habe:

„... Dann hab ich ihn weggeschubst", schreibt er, „und Sie sind wieder hierher zu mir gekommen und haben mich angeschrien, dass ich davor mit Nobbi Blödsinn gemacht habe. Dann hab ich die Wahrheit gesagt und meinte, dass Nobbi mich genervt hat und Sie haben mir nicht geglaubt und wollten mich nach Hause schicken, nur weil ich normal und ohne etwas zu sagen gesägt habe." Vielleicht entdeckt Ole hier selbst ein kleines Glaubwürdigkeitsproblem und geht abschließend noch einmal zum Gegenangriff über: „Und jetzt sitze ich hier und vergeude meine Zeit, in der ich schon etwas leisten könnte. Ich hatte Recht, dass immer alles mit mir zu tun hat und ich immer schuld bin!" Armer Ole. Sonst haben wir uns aber gut verstanden.

Und nochmal ist jemand rausgeflogen. Meike. Sie weiß gar nicht warum. „Ich hab nur gelacht", meint sie, „weil jemand etwas Lustiges gesagt hat, aber ich hab nur gekichert ... Sonst hab ich nichts gemacht. Und dann hat er (Herr Kühn) geschrien ,Alle drei raus!'" (Wobei „drei raus" m.E. keine so gute Idee ist.) Aber das ist Meike ja egal. Denn der Lehrer hat Schuld. „Das war voll unfair. Ich will ja gut mitmachen, aber wenn das so weitergeht, kann ich nicht richtig mitmachen. Ich wollte aufpassen, die ganze Zeit!"
Und dann: „Herr Kühn sollte erstmal lieber aufpassen, wer was gemacht hat und wer nicht." Und wo sie schon mal bei der Lehrerkritik ist, ergänzt sie im PS. noch: „Er beleidigt auch manchmal Schüler, z.B. sagte er ein Wort und Gülsen sagte ,Ach so', dann hat er sie gefragt, ob sie das auch verstanden habe. Dann meinte sie ,Ja' und er dann so ,Bist du dir ganz sicher, oder brauchst du Nachhilfe?', ein auf den, sie ist dumm..." Mmh, könnte sie da nicht sogar Recht haben mit ihrer Kritik? Aber, hat er das wirklich so gesagt? Auf jeden Fall nicht vorschnell urteilen.

METALLTOILETTE

Heute ist die nette Frau vom IB (Internationaler Bund) zu Gast. Sie bereitet mit den Schülern*innen die Berufsorientierungswoche vor. Die Schüler*innen lernen verschiedene Berufsfelder kennen und dürfen sich dann nach ihren Interessen zuordnen.

Die junge Frau kennt unseren neuen Schüler Mike nicht, der sich bei jeder Frage begeistert meldet. Natürlich nimmt sie ihn, froh über jede Beteiligung, regelmäßig dran. „Welche Berufe gehören zum Berufsfeld ‚Gesundheit'?", fragt sie ziemlich zu Beginn der Stunde. „Ersticken!", ist Mikes Antwort. Leichte Irritation. Damit hat sie nicht gerechnet. Wo ist sie denn hier gelandet?

Der Rest der Klasse bleibt zum Glück ruhig. Die kennen das schon. Einige schlagen die Hände vor den Kopf oder trommeln sich mit den Fäusten gegen die Schläfen. Auch Ironie hilft. „Ja, ja, Beruf Ersticker!", höre ich jemanden murmeln.

Im weiteren Verlauf des Unterrichtsgesprächs kommt die Referentin auf den Beruf „Erzieher" zu sprechen. Mikes Kommentar: „Oh, Krise!" Auch einen Beruf aus dem Berufsfeld Hauswirtschaft kann er ihr nennen: „Essen!"

Das ruft allerdings Elisa auf den Plan, sie kennt einen Beruf aus dem Berufsfeld „Wirtschaft und Verwaltung": „Nerd!" meint sie ganz selbstbewusst in Erwartung auf zustimmende Kommentare.

Dann wird es Mike langsam zu eng in der Klasse. Sein Nachbar John soll die Füße da wegnehmen, wo er seine hinhält. Also fängt er an zu drängeln und die störenden Füße wegzustoßen. Das veranlasst die ebenfalls anwesende Pädagogin Frau Daubert zu einer Intervention. „So nicht, Mike. Sag: ‚Kannst du deinen Fuß da bitte wegnehmen?'" „Fuck!", meint Mike, tut aber, was seine Lehrerin verlangt. John nimmt nun seinen Fuß da weg. Darauf Mike vorwurfsvoll: „Ja, ja, jetzt auf einmal!"

Einen Beruf aus dem Berufsfeld Metall kennt Mike auch noch: „Metalltoilette!" Und Sven hat auch etwas beizusteuern: „Man kann doch gar nicht Gärtner werden, wenn man Hartz 4 bekommt!" Mmh, wie er darauf wohl kommt.

Letzte Woche hat Mike auf die Frage nach einer Krankheit, die von Bakterien ausgelöst wird „Vom Boden essen!" geantwortet.

Nun ermahnt Frau Daubert ihn: „Ruhe!" Seine Antwort: „Toilette putzen!" Er strahlt.

Dann folgt die kleine Pause, eingeleitet durch folgenden Wortwechsel: Mike: „Oh, Pausenraum, glaub mir!" Frau Daubert: „Hauptsache ihr seid nach der Pause wieder da." Mike: „Tot!" Ich versteh den Jungen nicht.

Leider ist es wirklich schwierig mit ihm. Er hatte sich an so ein unpassendes Verhalten schon gewöhnt, bevor er an unsere Schule kam, war zu uns „strafversetzt" worden und versuchte, Fähigkeiten und Kenntnisse durch unentwegtes Abschreiben, Schummeln usw. vorzutäuschen, dass er schon fast selbst daran glaubte.

Natürlich gab es viele Auseinandersetzungen, nahezu täglich. Trotzdem kam er morgens meist freundlich in die Klasse und unterhielt sich mit mir oder anderen. Dabei wirkte er jovial, fast ein bisschen gönnerhaft.

Eines Tages, als ich vor Beginn des Unterrichts in der Klasse sitze und etwas esse, sieht er mich interessiert an. „Wie schmeckt's, Herr Bennack. Hmmm. Lecker schmecker!" Dazu schlägt er mit der rechten Hand an seinen Unterarm und ballt die linke Faust – eine seiner typischen Gesten. „Sie essen hinter meinem Rücken. No go, ehrlich." Ich esse weiter und sehe ihn an.

„Herr Bennack zieh'n Sie mal die Käppi (hat er gerade abgenommen) an, die wird Ihnen ehrlich stehen. Und dann machen Sie Duckface, so!" Er kennt das von den Mädchen, wenn sie Selfies mit ihren Handys machen, und führt vor, wie das in etwa aussehen soll.

Das glaubt mir keiner, denke ich, auf so eine Idee muss man erstmal kommen. Also packe ich mein Brot weg und fange an mitzuschreiben. „Ehrlich Mann, mmmhh. Oh mein Gott, er schreibt ehrlich. Machen Sie daraus mal so eine Geschichte. Danach können sie mit Shakespeare … ach ….tot …ehrlich … Mal ehrlich Mann, mit diesem, was Sie da geschrieben haben, … Karriereruf!"

Dann möchte er auf Toilette, darf aber wieder mal nicht, weil er dort - oder ganz woanders - viel zu viel Zeit verbringen würde und er schließlich ja auch gerade aus der Pause kommt.

Das findet er nicht lustig. „Sie sind nicht normal. Ich glaub, Sie müssen zum Psychiater gehen", diagnostiziert er treffsicher, setzt sich aber wieder hin.

„Wenn Sie bei meinen Eltern anrufen, Diggah, dann gibt's Krawall!", meint er abschließend noch und tauscht sich dann mit seinem Nachbarn über Handy - Erlebnisse im Ausland aus:

„Weißt du, was mir in Türkei passiert ist?", höre ich den sagen, „ Da is noch schlimmer. Der Internet war gar nicht an und – Tschüsch – 600 Euro."

VERSTÄNDNIS – KEIN VERSTÄNDNIS

MITGEBRACHT!

Die Frühstunde ist eine unerfreuliche Erfindung, lässt sich aber angeblich oder tatsächlich manchmal nicht vermeiden. In diesem Fall gestaltet sich die Lage aber besonders schwierig, weil auch meine Kollegin Maria selbst diese frühen Aktivitäten als unsäglich empfindet, besonders vor einem müden „Haufen" Heranwachsender, in diesem Fall einer 9. Klasse, die sowieso schon wie sediert wirkt und natürlich trotzdem auch in Ethik/Religion unterrichtet werden soll.

Die Quote der Fehlenden ist erwartungsgemäß hoch und wenn an einem Morgen fast die Hälfte der Schüler*innen nicht anwesend ist, fehlt beim nächsten Mal bestimmt die andere, manche sind - das Schuljahr hat gerade angefangen - noch nie dagewesen.

Vor der Stunde trifft Maria wie immer einige Schüler*innen schon auf dem Gang, man murmelt sich Begrüßungen zu und sie schließt auf. Ein junger Mann fällt ihr auf, hat sie den schon einmal gesehen?

Er wirkt ein bisschen ungepflegt, irgendwie schräg, ist dann aber trotz etwas provokant hinter das Ohr gesteckter Kippe im Unterricht einer der wenigen, die sich beteiligen. Immer wieder äußert er sich, manchmal muss er an die Melderegeln erinnert werden. Erkennbar versucht er auch, sich daran zu halten, was ihm aber nicht immer gelingt.

Um 7.50 Uhr ist die Stunde vorbei, gemeinsam verlassen die Frühaufsteher den Raum und gehen den Flur entlang. Da kommt ihnen ein Kollege entgegen, der den Schüler plötzlich streng anspricht und ihn auffordert, das Gelände zu verlassen. Völlig überraschend eskaliert die Situation und es kommt zu einem erregten, lauten Wortwechsel.

Wie sich anschließend herausstellt, handelt es sich bei dem jungen Mann um einen psychisch Kranken, der aus einer Einrichtung in Lüneburg abgehauen ist und - nicht zum ersten Mal - Unterschlupf in der Schule gesucht und letzte Nacht auch gefunden hat, was später die Hausmeister bestätigen. Sie hätten sich schon über die Dauer eines Elternabends gewundert, so lange wie in einem der Klassenräume das Licht gebrannt habe.

Maria war an diesem Morgen wohl die Erste, die dem jungen Mann begegnete und da sie ihn freundlich und schülerorientiert ansprach, hat er sich wohl angenommen gefühlt und er ist erstmal mit ihr mitgegangen.

„Leute, warum habt ihr mir denn nichts gesagt?", fragt Maria in der nächsten Stunde in die Klasse hinein und erhält umgehend eine eigentlich nicht überraschende, recht plausible Antwort:

„Naja, Sie haben den doch mitgebracht!"

VERSTÄNDNIS UND UNVERSTÄNDNIS

Mathe ist schwierig (bzw. für manche gar „ein Arschloch")
und insbesondere, wenn plötzlich nicht mehr mit Zahlen,
sondern mit Buchstaben gerechnet werden soll, geht
manchmal gar nichts mehr. Wie schön ist es da, wenn Elina
mit leuchtenden Augen nach vielen Stunden sagt: „Und
irgendwas mal 1 ist wirklich immer dieses irgendwas! Das
hab' ich jetzt verstanden."

Witzig auch Katharina, wenn sie im Arbeitslehreraum einen
Nutella(Teller)schleifer sucht. Später will sie dann „NDR
gehen" und da „…werd ich die Wetter - und - so - Sagerin!"
Auch mit der Zeitumstellung ist es nicht ganz einfach: „Was?!
Dann haben wir ja eine Stunde länger Schule!", befürchtet
Gökhan. Gut, dass seine Nachbarin es ganz genau wissen
will: „Heute ist der Welche?"

Große Gefahr, meinen Unterricht in unruhiges Fahrwasser zu
steuern, laufe ich, wenn ich z.B. bei einer Wiederholung
einige Dinge aufzähle oder bei Schüleräußerungen mitzähle
und dabei unbewusst oder auch zur Verdeutlichung an den
Fingern abzähle und vergesse, den Mittelfinger auszusparen.
„Er hat den Fuckfinger gezeigt!" Der Gedanke, dass der
Lehrer selbst diesen indiskutablen Regelverstoß begangen
haben könnte, auch wenn es niemand wirklich glaubt, ist
einfach zu verlockend.

Ebenso problematisch ist die Verwendung des Begriffes
„behindert" in allen denkbaren Zusammenhängen. „Dadurch
hast du ihn beim Lernen behindert." Oder „Ihr habt euch

gegenseitig behindert." Regelmäßig führt das zu Heiterkeitsstürmen, weil die Schüler meinen, sie hätten die Lehrkraft dabei erwischt, ein Schimpfwort gesagt zu haben - und das obwohl (oder gerade weil) diese Lehrkraft nicht müde wird zu erklären, dass „behindert" natürlich auch im Zusammenhang mit körperlichen oder geistigen Behinderungen von Menschen überhaupt kein Schimpfwort ist, man es auch auf keinen Fall als solches verwenden dürfe, selbst wenn der gedankenlose und beleidigende Umgang damit leider sehr verbreitet sei.

Dass Missverständnisse mich auf Schritt und Tritt begleiten sollten, hatte ich zu Beginn meiner Lehrertätigkeit nicht unbedingt erwartet, wenngleich ich mir - um Fehlinterpretationen zu vermeiden - die Verwendung des in Deutschbüchern und Grammatikheften gern verwendeten Begriffes „Gliedsatz" von Anfang an versagt hatte.

Allerdings brachte mich die Begeisterung der Schüler, die damals während meiner Bemühungen, Kenntnisse über die mitteleuropäischen Gebirgszüge zu vermitteln, wegen des sogenannte AIDS-Gebirges (Erzgebirge) ausbrach, zunächst aber noch ziemlich aus dem Konzept.

Später konnte mich dann Fulyas Nachfrage „Herr Benthack, könn' wir auch mal bei Elbe gehen?" selbst dann nicht mehr irritieren, als sie diese Frage trotz unterrichtlicher Vorbereitung auf eine Hafenrundfahrt dann während dieser, also an Deck einer Barkasse und seit fast einer Stunde im Hamburger Hafen unterwegs, aussprach.

Und als zur Amtszeit Gerhard Schröders und damit also während der öffentlichen Auseinandersetzungen um die „Agenda 2000" eine Klassenreise in den Harz angekündigt wurde, wunderte ich mich über die Nachfrage „Welchen Hartz fahren wir, III oder IV?" auch nicht mehr sehr. Vielmehr freute ich mich über das offensichtliche Interesse am aktuellen politischen Geschehen.

Kulturelle Unterschiede führen immer wieder zu teilweise folgenreichen Missverständnissen. „Sieh mich an!", ist für mich eine angemessene Aufforderung, wenn ich ernsthaft mit einem Schüler sprechen will, schließlich soll er sich mir in diesem Moment nicht entziehen können. Merkwürdig, dass viele Kinder von Immigranten dem einfach nicht nachkommen wollen. Aber bis ich auf einer Fortbildung erfuhr, dass das direkte Ansehen von Erwachsenen in solchen Situationen bei anderem kulturellen Hintergrund auch als sehr unverschämt angesehen werden kann, habe ich darauf bestanden und mich damit oftmals für Schüler vollkommen unbegreiflich verhalten.

Eine Kollegin, die aus Russland nach Deutschland übergesiedelt ist, erzählt mir, dass sie es gewöhnt sei, bei Einladungen selbstverständlich auch dann weiter kulinarische Leckereien aufgedrängt zu bekommen, wenn man aus Höflichkeit einmal abgelehnt habe. In Deutschland habe sie allerdings die Erfahrung gemacht, dass man das besser nicht tun sollte: Wer einmal ablehnt, bekommt nichts mehr, auch wenn der Magen knurrt. Jedenfalls ist es dann wirklich nicht ganz leicht zu sagen, Sorry, ich hab mich getäuscht, hab doch noch Hunger.

Auch einfach mal ausschnupfen ist gar nicht so leicht. Lange habe ich gedacht, dass Schüler den Wunsch, zum Ausschnupfen vor die Tür gehen zu dürfen, nur als Ausrede benutzen, um etwas anderes machen zu können oder einfach dem Unterricht eine Zeitlang zu entfliehen. Aber: Im Beisein anderer auszuschnupfen wird woanders eben auch als sehr unhöflich angesehen.

Und dann: Ich treffe eine Schülerin und mit ihren Eltern im Kaufhaus. Die kleine Schwester hat ein Kuscheltier bekommen. Ich will freundlich sein und meine daher, dass dies wirklich sehr niedlich sei. Sofort reißt die Mutter es der verdutzten Kleinen aus der Hand und will es mir aufdrängen. Es gelingt mir knapp, das abzuwenden und ich habe fast den Eindruck, ich sei damit unfreundlich gewesen. Später erfahre ich: Vorsicht beim Loben von Dingen, es werde sehr schnell als Aufforderung, diese dem Lobenden zu übereignen, angesehen.

Nun möchte ich noch einmal auf Verständnis zu sprechen kommen. Madita möchte mal kurz den Klassenraum verlassen um auszutreten. Zu viel Verständnis darf man nicht haben dafür, sonst geht die Tür unentwegt. Auf jeden Fall nur kurz und nur eine Person zur Zeit. „OK, aber deine Handtasche musst du jetzt nicht mitnehmen! Es soll doch nicht länger dauern." „Nein", ist da die Antwort, „das gehört zu meiner Persönlichkeit!" Lustig oder ernst gemeint? Der Sozialpädagoge Jonas ist auch im Raum und meint: „Das ist eine ernst gemeinte Äußerung." Er meint, sie betrachte die Tasche als ‚wichtigstes Kleidungsstück', das sie anhabe, vielleicht auch angesichts der Tatsache, dass sie sich sonst immer etwas unglücklich kleidet und noch keinen richtigen Stil gefunden hat. Also Verständnis.

Großes Verständnis zeigte auch eine Schülerin ihrer Lehrerin gegenüber, die gerade in den Mutterschutz gegangen war und nun natürlich - kurz vor der Geburt des ersten Kindes - Briefe mit guten Wünschen von ihren Schülern zugeschickt bekam:

„… und wenn es weh tut, denken Sie immer daran, die ganze Klasse 7a steht hinter Ihnen." Wenn das keine Hilfe ist.

RATLOS BEI GERICHT

Wir sind im Amtsgericht. Unter anderem besuchen wir, aufgeteilt in 2 Gruppen, 4 Verhandlungen, müssen leise sein, viel zuhören, wenig fragen und dann noch protokollieren. Und das ist nicht einfach. „Der Richter redet so murmelig, dass man es nicht genau versteht", schreibt Luise. Das stimmt. Und der Fall ist sehr kompliziert. Vor allem weil zunächst sehr ausführlich ein Arzt als Zeuge befragt wird und umständlich berichtet, welche Verletzungen er an einem Mann und einer Frau festgestellt habe und wie die beiden sich bei der Untersuchung verhalten und was sie gesagt hätten. Was da eigentlich geschehen ist, wird nicht recht deutlich:

Da sei erstmal ein Dr. Jäger gekommen, versucht Steffi zu verstehen, der von „so einem Mann" die Frau angefasst habe und „deren Sohn wollte ihm was antun oder so." Ein fremder Mann habe dann mit einer Metallstange gegen das Auto geschlagen und „die Person am Beifahrersitz wurde schwer verletzt". Später sei die Ehefrau ausgestiegen, wurde dann geschlagen, mit einem „Hammer oder so". Herr Barkovic wurde dann von jemandem mit einem Auto angefahren und „verletzte seine rechte Hüfte. Der Doc erzählt dann dem Richter die Verletzungen des Ehepaars." Der Dolmetscher habe dann alles übersetzt.

Ireen bleibt auch vieles unklar. „Der Zeuge erzählt gerade, was passiert ist. Ich verstehe einfach 0. Ich denke ein Autounfall oder so.", schreibt sie. „Aber dann sagen sie Gespräch und so und das verstehe ich einfach nicht!" Sie zeichnet dann das Drumherum. „Die Frau mit dem Apple Laptop stellt voll die Profifragen und der Sohn von dem Ehepaar ist gestorben. ... Da war ein Mann mit Locken, der wurde von einem Polizisten gebracht. Der Polizist saß dann vor uns, er ist fast eingeschlafen, weil es so langweilig war, und vor uns saß auch eine Frau, die so schnell alles aufgeschrieben hat, aber ihre Schrift war nicht mal ein bisschen lesbar, ich glaub sie möchte Richterin werden. ... Später haben wir Pause gemacht. Die Toiletten waren groß und sauber."

Samar sieht das so: „Die Zeugen werden im Raum nebenan verhört. Ich verstehe gar nichts. Jemand hat ins Auto von einem Mann die Scheibe eingeschlagen und danach die Frau des Mannes zusammengeschlagen. ... Es gibt keinen Angeklagten, er ist das Opfer! Ich bin extrem MÜDE! Ich will schlafen, sonst werde ich frech!"

Rubina hadert mit der Ausdrucksweise: „Da bin ich fast eingeschlafen. Ich habe am Anfang des Gerichtes nichts verstanden, weil die auf so eine komische Art gesprochen haben. Sie haben Wörter erwähnt, die ich gar nicht kenne. Das Gebäude ist sehr groß und schön."

Centila macht auch ihre Beobachtungen: „Der Staatsanwalt hat den ganzen Text völlig runtergenuschelt und las mal laut und mal leise. ... Die Frau von dem Angeklagten kam mir sehr arm und sehr leise vor, aber vor der Verhandlung waren wir alle draußen und dort war sie ganz anders, hat die ganze Zeit gelacht usw. Mir kam das voll gespielt vor, als sie drinnen war. Der Verteidiger hat genauso seine Sätze runtergeleiert wie der Staatsanwalt, als ob sie alle keine Lust hätten, ihren Job zu machen! Mir kam das irgendwie so vor, als wenn der Verteidiger der Staatsanwalt gewesen ist und andersrum genauso. ... Ich fand das Urteil ziemlich gerecht."

Ähnliches bei Ireen: „Es ist gleich 10 Uhr und es ist einfach unsicher, was er die ganze halbe Stunde redet."

Sie zeichnet sich und ihre Freundin Luise. „Luise und ich verstehen nichts", steht darunter. „So eine Frau nervt voll!", fällt ihr dann auf. Anschließend zeichnet sie ein bebrilltes strenges Frauengesicht.

Dann: „Jetzt redet sie wieder, sie lässt niemanden aussprechen." Dazu eine Zeichnung vom Polizisten und der Kommentar „Er schläft einfach, hahaha".

Nun zeichnet sie die Dolmetscherin. „Ich dachte zuerst, sie
sei kriminell und sie spricht sehr schnell und leise, trotzdem
hört man sie."

Dann bin ich dran, auch gut erkennbar. „Ich weiß nicht, ob er daran interessiert ist.", schreibt sie dazu, „Sieht wohl so aus, na gut!"

Dann: „Die Frau neben dem Richter redet nicht." Dazu eine Zeichnung einer Frau, die geradezu depressiv wirkt. „Die alte Frau, die nervt, sagt, sie hat ihre letzte Frage. Sie wiederholt alles, was der Anwalt gesagt hat. ... Es ist gleich 10.30 Uhr, ich habe Hunger und es ist komisch, ich dachte, es wird leichter. ... Herr Benthack schreibt einen Brief an die Mädchen."

Ich schreibe ihnen tatsächlich. Ich sehe, wie schwer es ihnen fällt, trotz unserer Vorbereitung und freue mich darüber, dass sie sich vorbildlich verhalten und sich bemühen sinnvolle Protokolle zu schreiben. „Liebe Mädchen, ihr seid erfreulich ruhig und geduldig - es ist hier komplizierter als gedacht, um 11 Uhr gehen wir leise raus und treffen uns mit den anderen. Dann könnt ihr auch wieder trinken und essen. Wenn ihr nicht alles versteht, erkläre ich es später." Den Zettel lasse ich rumgehen. Samar schreibt „Ich will schlafen!" darauf, aber natürlich gibt es erstmal noch einiges zu besprechen.

Samar ist vor der Verhandlung noch etwas aufgefallen: „Hier laufen die ganze Zeit komische Männer vorbei, die dir nicht einmal zurück Hallo sagen." Und Cora meint abschließend: „Das war unser Tag im Amtsgericht. Es war langweilig, aber auch spannend. Lernt daraus!"

GRILL UND IGEL

Wie immer hatten wir an diesem Tag unserer Klasseneise mit der 8. Klasse schon eine Menge unternommen. Vormittags hatten wir Fahrräder ausgeliehen und eine Tour durch die Gegend gemacht, auf der dann im nächsten Ort auch für die Grillparty am Abend eingekauft wurde. Den Grillplatz auf der anderen Seite des Sees neben der bekannten Ferienanlage für Kinder, Jugendliche und Erwachsene hatte ich gleich am Ankunftstag gebucht, für Grillkohle usw. hatten wir auch gesorgt.

Nachmittags waren wir bei bestem Wetter im See baden gewesen und die Schüler*innen hatten sich wie jeden Tag auch mit den üblichen Arbeiten, die sie in 4 Hausgruppen mit je 6 Schüler*innen selbstständig organisieren mussten, beschäftigt. Also: Frühstück auf- und abdecken, abwaschen, aufräumen, Abrechnung machen usw. Nun also noch Sachen trocknen, warm duschen, umziehen und alles für den Grillabend vorbereiten.

Judith, die Schulpraktikantin, Ulla die Sozialpädagogin und ich bereiteten in dieser Zeit schon mal den Grill vor, stellten Getränke bereit und warteten. Als eine halbe Stunde nach dem verabredeten Zeitpunkt noch niemand da war, wurden wir unruhig, schließlich war die Glut jetzt am besten. Wir schwankten zwischen Sorge und Ärger und bekamen auf Nachfrage die Nachricht, dass alle gleich kommen würden. Wir legten also die ersten Würstchen den Grill und es brutzelte auch schon gerade Schafskäse in Alufolie, als

Michail und Andrej eintrafen. Sie grüßten fröhlich und nahmen das Angebotene freundlich entgegen.

Jetzt konnte es also losgehen mit der schönen Gemeinschaftsaktivität. Tat es aber nicht, denn die beiden mussten uns leider schon bald wieder verlassen, sie hatten uns nur etwas Gesellschaft leisten wollen, damit wir nicht so allein waren. Sie müssten jetzt zum Essen in ihr Haus zurück. Verabschiedeten sich gut gelaunt und teilten uns mit, dass man in den anderen Häusern auch schon beim Essen sei.

So hatten wir zu dritt den kuriosesten Grillabend unseres Lebens, überlegten, ob wir uns nun ärgern sollten oder nicht, entschieden uns dann aber für Letzteres. Eigentlich war ja alles so gelaufen, wie wir es gewünscht hatten, die Schüler*innen hatten sich vollständig selbstständig organisiert, sich Mahlzeiten zubereitet, verstanden sich gut und waren bester Laune. Nur hatten wir das wohl irgendwie nicht bemerkt.

Später wurden wir dann doch noch gebraucht. Das Handy klingelte und es war Jolanta aus dem Mädchenhaus dran. „Herr Benthack", rief sie aufgeregt, Sie müssen uns helfen, da draußen ist jemand. Wir haben Angst!!"
Also machten wir uns auf den Weg und entdeckten vor ihrer Haustür eine Mülltüte mit den Spaghettiresten des Tages und diese Tüte machte tatsächlich merkwürdige Geräusche. Im Schein der Taschenlampe entdeckten wir dann einen Igel, der sich durch die Tüte kämpfte und sich jede Menge Spaghetti um die Stacheln geflochten hatte, Tomatensoße dazu. Wir konnten die Mädchen zwar nur schwer davon überzeugen, die Haustür wieder aufzuschließen, aber nachdem sie durchs Fenster einen Blick auf den Verursacher der mysteriösen

Geräusche geworfen hatten, fanden sie doch, dass sich ihr Mut lohnen würde und trauten sich wieder nach draußen.

RAUBTIERE
IN DER MITTAGSHITZE

Dieses Mal habe ich eine sehr nette und lustige 6. Klasse, die mir nun schon das zweite Jahr viel Freude macht. Wir sind auch oft draußen unterwegs, dann gehen wir in den 7. und 8. Stunden manchmal zu den umliegenden Spielplätzen, z.B. am Helmuth - Schack - See in Osdorf.

Auf dem Weg dorthin frage ich, ob jemand weiß, wie die verschiedenen Bäume am Wegesrand heißen. Ja, da gebe es natürlich die „Eichel", dann den „Tannenbaum" und ... naja, dann noch den „Normalbaum". Sonst? Nee, sonst nix. Wirklich keiner kennt noch einen! Also in den nächsten Stunden Laubbäume auf unserem großen Schulhof kennen lernen und anschließend die große 10 - Bäume - Experten - Prüfung.

Heute aber geht's weiter an den See und es ist sehr sehr heiß. Hitzefrei gibt es ja nicht mehr. Und langsam versiegen alle meine Vorhaben, Hauptsache Schatten. Es wird auch kaum noch getobt, sondern nur noch Zeit verbracht. Tufan und Gary fallen mir besonders auf, sie liegen unter der Rutsche im Sand, und reagieren schon gar nicht mehr, wenn ich sie rufe, sie spielen nicht und lassen nichts von sich hören und sind kaum zur Rückkehr zu motivieren. Sie trotten zum Schluss hinter uns her zurück in die Schule und kommen ziemlich verspätet in die Klasse. Bald ist es ja auch 15.45 Uhr und endlich Unterrichtsschluss.

3 Jahre später, am Ende der 9. Klasse, frage ich Schüler nach besonderen Erlebnissen in ihrer Schulzeit. Und Tufan erzählt: „In der 6. Klasse waren wir in dem Sandkasten da, es war sehr sehr heiß, ich glaub 30 Grad oder so, keine Ahnung. Und alle waren draußen und haben irgendwas gespielt. ... Ich und Gary waren sehr durstig und hungrig wie immer, aber seine Lippen waren richtig trocken, so hab ich ihn ja noch nie gesehen, das war ja schon fast weiß und als ich und Gary ... in der 8. Stunde spazieren waren, haben wir gesehen, dass jemand in der Küche Pfannkuchen und sowas Getränke gemacht hat. Und ... da ... hat uns eine Lehrerin Pfannkuchen und Getränke ... gebracht. Ich kann mich noch ganz gut erinnern, das war, als (ob) ich im Himmel war, das war einfach heftig und als ich die gesehen hab, kam es mir so vor, als ob ich 3 oder 4 Tage nichts gegessen habe. Wir haben die gegessen, als wären wir Tiere, also ... diese Leoparden. ... als wir es zu Ende gegessen und getrunken haben, ... , ich war so heftig gerührt, oh mein Gott, das war ... einer meiner Lieblingsmomente. Als wir wieder zur Klasse reinkamen, war die 8. Stunde vorbei, und Gary und ich hatten diesen einen Blick, als wären wir diese Tiere, als hätten wir Tränen in den Augen, kam mir so vor. Ich war sehr sehr glücklich, das können Sie mir glauben, auch wenn es niemand ..., außer Gary, der weiß es noch." Ja, was Schüler so alles erleben, wenn sie sich verspäten.

Überhaupt sieht vieles aus Schülersicht ganz anders aus als aus unserer. Das weiß auch Eren. Er regt sich zwar sehr schnell auf, lässt uns gern an seinem umfangreichen Schimpfwortvokabular teilhaben, gerät oft in Streit, redet ständig dazwischen und sabotiert immer wieder Unterrichtsstunden. Aber er ist doch ein lieber Kerl, der nicht versteht, warum es dauernd Ärger gibt. „Vom Ding her bin ich der Normalste!!", ruft er einmal plötzlich und völlig unvermittelt durch die Klasse in die Stille, denn alle sind am Arbeiten, „nur die Lehrer sehen das nicht." Einige seiner Mitschüler*innen sehen auf und lächeln, niemand reagiert. Eren denkt weiter über diesen Missstand nach, tut in dieser Stunde dann aber nichts mehr. Ein Jahr später erreicht er aber noch den Übergang auf die Oberstufe.

Von einem anderen Thema, das sie ganz anders sehen als die Lehrer*innen, erzählen mir meine ehemaligen Schüler*innen am Ende der 9. Klasse, als ich sie nach den nervigsten Verboten ihrer Schulzeit frage:

„Ja, Kiosk (Sie verlassen dann das Schulgelände, was nicht erlaubt ist), wir sagen ‚Wir sind Oberstufe!' oder wir gucken, welcher Kurs hatte frei. Und wenn die uns sehen, dann sagen wir, wir hatten frei und sagen die Namen von denen aus dem Kurs. Man müsste am besten Frühstückspause gehen, da sind nie Lehrer."

„Warum wollt ihr überhaupt weg?", frage ich sie. „Ja, Cafeteria, die anderen dürfen immer vorgehen, wir stellen uns halbe Stunde an, bis wir reinkommen und wenn wir drinne sind, dann sagen die, wir haben das Essen nicht mehr und dann, wenn wir zu spät kommen, kriegen wir auch noch Ärger." „ Ha, deswegen geh ich nicht essen!" „Ja, deswegen gehen wir auch Kiosk."

„Wo geht ihr denn raus?", frage ich jetzt, weil die Schüler meiner Beobachtung nach dafür bestimmte Stellen, an denen sie sich nicht beobachtet fühlen, bevorzugen. Aber ich ernte

Unverständnis. „Hä? Einfach Eingang." „Ja, wir gehen einfach Eingang raus. Das Ding ist, wenn man so aussieht, so ... ich darf nicht raus, ich muss vorsichtig gehen, dann wird man erwischt, aber wir gehen einfach so, als ob wir dürfen!" „Außerdem, Herr Benthack, die halbe Klasse ist im Unterricht am Handy, ... heutzutage sind die Lehrer selber am Handy!" „Ja, Frau Mörike!" „Ich weiß noch Frau Hartig!! Haha!"

Jetzt lachen sie alle. Ich auch, aber ein wenig bin ich auch traurig über den allmählichen Niedergang der Präpositionen, all meinen Bemühungen zum Trotz. Außerdem bleibe ich auch in Zukunft im Unterricht ohne private Handynutzung.

Das Thema Handynutzung ist aber ein durchaus interessantes Thema. Im Kollegium werden Regeln abgesprochen. Viele Lehrer*innen denken dann, dass sich alle ihre Kolleg*innen daran halten. Schüler*innen stellen dann aber fest, diese gehen ganz unterschiedlich damit um. Leider. Wenn man gleich auftreten würde, hätten die Schüler*innen nicht den Eindruck, das seien persönliche Ticks der verschiedenen Lehrkräfte. Und es käme nicht immer wieder zu Auseinandersetzungen darum. Andererseits: Etliche Lehrer*innen müssten dann Regeln umsetzen, hinter denen sie gar nicht stehen bzw. Dinge durchgehen lassen, die sie lieber regeln würden. Von außen gesehen: Unverständlich, dass man sich da nicht einigen kann. Von innen gesehen: Eine Aufgabe, an der man unentwegt arbeiten muss.

Zum Beispiel gibt es den Beschluss, dass Schüler*innen im Unterricht ihre verschiedenen Käppis und Mützen abnehmen sollen. Aber zunehmend sind diese für junge Lehrkräfte selbst modische Accessoires, auf die sie nicht mehr verzichten möchten. Und warum man sein Handy nicht für private

Zwecke in der Klasse oder auf den Gängen benutzen soll ... Das wirkt mittlerweile altmodisch. Je älter ich werde, desto mehr habe ich den Eindruck, dass mein Handeln irgendwie übertrieben ist, aber andererseits - offiziell bestehen diese Beschlüsse noch.

So, noch was Lustiges? Nö, fällt mir grad nichts ein.

WEISE
SCHÜLER

BILDUNGSAUFTRAG
VENEDIG

In den Äußerungen von Schüler*innen können wir oft tiefe
Wahrheiten, Einsichten und auch ein ganz bemerkenswertes
Einfühlungsvermögen erkennen. So etwas berichtet mein
Kollege Werner gern von dem ehemaligen Schüler Benny
Melzer, der später in einer Hamburger Rapband zu einigem
Ruhm kommen sollte.

Die Abschlussfahrt dreier 10ter Klassen führte ihn und einige
Kolleg*innen damals zum Zelten an den Lido von Venedig.
Die Sonne schien, das Wasser war warm und die Stimmung
prächtig.

Werner, einer der Mitreisenden, berichtet mir nun von dem
Kollegen Walter, der sich immer etwas abseits hielt, allein
frühstückte und überhaupt am liebsten für sich blieb. Er war
in gewisser Weise schon immer ein Eigenbrötler gewesen
und „sozial nicht sehr kompatibel", so die Meinung der
mitreisenden Kolleg*innen. Vieles ignorierte er einfach,
mischte sich nicht ein und war froh, wenn er für sich sein
konnte und die Schüler selbst Verantwortung übernahmen.

Aber dann war da noch der Bildungsauftrag, der ja mit einer
Klassenreise verbunden war. Um diesem nachzukommen,
bildete er eines Tages beim Frühstück Gruppen, teilte ihnen
Erkundungsthemen zu und schickte seine Schüler nach
Venedig hinein. Dort war, so berichtet Werner, natürlich
vieles interessant, nur nicht die Erkundungsaufträge, die
daher auch ziemlich schnell in Vergessenheit gerieten.

Am nächsten Morgen sollten die Gruppen berichten. „Wer möchte beginnen?", fragte Walter und sah den Berichten erwartungsvoll entgegen. Schweigen, kauen, schlucken. Nachfragen.

Die Anspannung stieg und es begann unangenehm zu werden für die Beteiligten. Gern wollten die Reisenden wieder tun, was ihnen Spaß machte. Gern wollte Walter seinen Bildungsauftrag abgehakt haben und sich wieder zurückziehen.

Nun kam Benny Melzer ins Spiel. Er kannte Walter so gut, dass es ihm gelang, die nun folgende Ausrede auf eine so natürliche Art rüberzubringen, dass er bei seinem Lehrer keinen Argwohn erweckte, sondern ihn wirklich überzeugte und natürlich auch alle anderen für sich einnahm. Nach Werners Meinung eine Meisterleistung.

„Ooooch, weißt du, Walter", sagte er freundschaftlich erklärend in die Stille hinein, „wir haben uns gestern Abend schon alles erzählt und deswegen mag jetzt keiner mehr was sagen…" Walter war happy: „Ach, sag das doch gleich!", meinte er erleichtert, Entspannung und Urlaubsgefühl kehrten zurück in die Frühstücksrunde und Walter konnte guten Gewissens wieder jeden machen lassen, was er wollte.

GESCHENK

Gitta ist eine begeisterte Deutschlehrerin. Besonders das kreative Schreiben liegt ihr am Herzen. So auch heute in ihrer 6. Klasse. Von einer Zeitungsnotiz ausgehend sollen die Schüler*innen Charaktere erfinden, eine Handlung entwickeln und so eine Geschichte schreiben. Die kennen das schon und ihnen macht das Spaß. Gitta freut sich über ihre sehr kreative Klasse. So geht sie durch die Reihen, genießt die Stille und schaut dabei zu, wie konzentriert alle arbeiten.

Alle? Leider nicht, denn da ist Okan, der furchtbar unruhig ist und ständig irgendetwas kaputt macht. Als er in die 5. Klasse kam, konnte er kaum schreiben, beherrschte die Rechtschreibung nur rudimentär und hatte verständlicherweise gar keine Lust mehr zu schreiben, schließlich hatte er nun schon gelernt: Schreiben ist das, was er nicht kann, sondern nur die anderen, da macht er immer alles falsch. So schreibt er auch heute nichts. Ihm fällt auch nichts ein.

Gitta hat schon vieles versucht, um ihn zu motivieren, heute will sie ihn erst einmal in Ruhe lassen, manchmal weiß sie einfach nicht mehr weiter mit diesem Jungen.

Da spricht Samet sie an. „Frau Meißner, Okan schreibt ja gar nicht", flüstert er. Ja, das wisse sie. „Frau Meißner, können Sie ihm nicht den ersten Satz schenken?", schlägt er dann vor. Das will Gitta gerne tun, geht zu Okan und sagt leise: „Samet schlägt vor, dass ich dir den ersten Satz schenke, möchtest du dieses Geschenk annehmen?" Okan überlegt kurz und stimmt dann zu. Mit diesem Geschenk schreibt er dann wie noch nie zuvor. Zum ersten Mal wird er eine 2 bekommen.

Gitta ist beeindruckt von Samets Einfühlungsvermögen und seinen Ideen. Samet war schon mit einer ziemlich gut gefüllten Akte an unsere Schule gekommen, war schon vor der 5. Klasse polizeiauffällig geworden.

An unserer Schule schwankt er zwischen Begeisterung für bestimmte Themen, z.B. Bildinterpretationen und aktuelle Politik und Ablehnung der schulischen Regeln, zwischen Einsatz für die Klasse, z.B. als Klassensprecher und Rücksichtslosigkeit im Umgang mit anderen. Wegen verschiedener Vorfälle gibt es immer wieder Klassenkonferenzen. Gitta versucht an seinen Talenten anzuknüpfen und ihn zu fördern, aber nicht zuletzt wegen zweier Auslandsaufenthalte, die dann seine Schulzeit hier unterbrechen, schafft er am Ende der 10. Klasse nur den Hauptschulabschluss. Gitta ist sehr unsicher, welche Richtung er einschlagen wird, als er die Schule verlässt.

Später hört sie, dass er aus seinem Heimatland zurückgekommen ist und sein Abitur nachgeholt hat. Er wird jetzt studieren … Lehramt. Tja, „Bandenkönig und Philosoph", meint Gitta, „ein Lehrer muss ja beides sein."

ELFCHEN

Marienkäfer

du fliegst

und du tanzt

in der warmen Sonne,

flieg!

Ich

Mag es,

wenn jemand mit

mir spielen geht und

lacht.

Die Menschen

Man kann die Menschen

überhaupt nicht verstehen,

das weiß ich von mir.

Die Welt

ist bunt

und hat viele

Geheimnisse und ich

„mittendrin".

Ruhe

Schattige Ruhe.

Stille Insel in der Stadt.

Der alte Friedhof.

Frühling

Laubgelbe Sonne

Verfängt sich in meinem Haar

Frühling wird Sommer

11 Worte – ein Gedicht. In der 6. Klasse haben die meisten
Schüler*innen sehr gern „Elfchen" geschrieben.

HOBBYS

Werner, ein langjähriger Sozialpädagoge an unserer Schule, erzählt mir eine Geschichte, die ihn zum Nachdenken gebracht habe.

Zunächst ist alles wie immer. Da Werner nicht immer mit im Unterricht ist, sondern auch für die Schulsozialarbeit im weiteren Sinn zuständig ist, geht er während der Stunden oft durch das ziemlich große und unübersichtliche Gebäude. Dabei ist er aber nie allein, vielmehr trifft er überall Schüler und Schülerinnen an. Während der Unterrichtszeit.

Wie das kommt? Da sind Schüler*innen, die kurz auf den Flur geschickt wurden, weil sie drinnen gestört haben, andere befinden sich auf dem Weg hin zum oder zurück vom Sekretariat, weil sie etwas holen oder fragen sollen, dann sind da die, die sich verspätet haben, die, die ihren Kursraum nicht finden oder eine Freistunde haben, vielleicht gibt es auch Probleme irgendwo im Vertretungsunterricht. Tatsächlich bzw. angeblich Verletzte und Kranke werden in den Krankenraum gebracht, manche kommen von Einzelgesprächen mit ihren Lehrer*innen, Abteilungsleiter*innen und Sozialpädagog*innen oder gehen dahin. Vielleicht gab es einen Ausflug, einen Arbeitsauftrag auf dem Schulgelände oder im Gebäude, vielleicht soll jemand ein paar Kopien nachmachen lassen oder ein Kollege hat die Klasse in Gruppen aufgeteilt und lässt sie, damit sie sich nicht gegenseitig stören, an verschiedenen Orten arbeiten, z.B. in der Pausenhalle, auf dem Flur in der Nachbarklasse, die gerade zum Sport ist o.ä. Klar, dass mancher während dieser „Freizeit" auf ganz andere Ideen und es auch immer wieder zu Streitigkeiten kommt.

Wie gut, dass Werner ein Auge darauf hat. Schließlich werden während der Unterrichtszeit die meisten Zerstörungen angerichtet, in den Fluren und besonders in den Toiletten. Nun trifft er auf seinem Rundweg auf Martin, einen langen, schlaksigen, etwas ungelenk wirkenden Integrationsschüler, der ohne erkennbaren Auftrag durch die Gegend trottet. Werner kennt ihn, weil der oft mal raus muss aus dem Unterricht, nachdem er gestört hat oder weil er zu unruhig wird. In den Gängen der Schule ist sein Verhalten aber auch nicht einwandfrei. Diesmal ärgert er Schüler, die vor ihrem Klassenraum sitzen und dort leise arbeiten sollen. Er schiebt ihre Stühle hin und her, ganz woanders hin, redet dazwischen, es kommt zu Streiterei und Beleidigungen. Werner ist verärgert, das passiert ja nicht zum ersten Mal. Aber er muss eingreifen, was gar nicht so einfach ist bei der angeheizten Stimmung.

Laut und streng spricht er Martin an: „Lass die Stühle stehen, lass die anderen in Ruhe, verhalte dich friedlich, …" usw. Heute reagiert Martin aber anders als erwartet: „Herr Klüver, was regen Sie sich so auf? Haben Sie keine Hobbys?" Werner findet Martins Äußerungen zunächst völlig unangemessen, frech und blödsinnig. Erstmal sorgt er für Ruhe, doch das Gesagte geht ihm die nächsten Tage nicht aus dem Kopf und mit der Zeit wird ihm Martins Klugheit bewusst: Wenn man ein ausgefülltes Privatleben hat, kann das doch wesentlich dazu beitragen, berufliche Situationen gelassener zu sehen und nicht so absolut. Stimmt, Martin, wir sollten öfter daran denken.

NICHT UNTERKRIEGEN LASSEN

These: Man darf sich nicht unterkriegen lassen.

In Klasse 7 schreiben Schüler*innen ihr Pro und Kontra zu verschiedenen Thesen. Bahira hat sich diese ausgesucht. „Dafür: Wenn man genau weiß, dass man im Recht ist, dann sollte man versuchen sich durchsetzen zu können. Man sollte sich nicht von irgendjemandem unterkriegen lassen." Sie macht sich auch über das „Dagegen" Gedanken, aber wie sehr sie das „Dafür" beschäftigt, habe ich schon lange bemerkt, es ist nicht einfach für sie. Ihr Vater möchte, dass sie ab Klasse 5 Kopftuch trägt und auch nicht am Schwimmunterricht und an Klassenreisen teilnimmt. Er möchte auch, dass ich ihn sofort anrufe, wenn mal eine Stunde ausfällt, denn sie soll schließlich immer sofort nach Hause kommen, wenn die Schule aus ist. Das will sie aber nicht. Ich finde, er sollte seiner Tochter vertrauen. Unsere Beziehung ist seitdem etwas gestört.

Bahira fegt auch nicht die Pausenhalle, wenn sie nicht damit dran ist. Ich kann das verstehen, denn es ist schon unfair, wenn freundlich aussehende Mädchen (mit Kopftuch) von Kolleg*innen als erste angesprochen werden, wenn es darum geht, mal eben etwas sauber zu machen. Mit den wilden Jungs wollen sich viele ja lieber nicht anlegen, wenn es um zusätzliche Ordnungsarbeiten geht. Obwohl mein Kollege eigentlich im Recht ist, wenn er von mir als Klassenlehrer Konsequenzen für Bahiras Fege - Verweigerung verlangt, bin ich auf ihrer Seite. Freiwillig übernimmt sie auch oft Verantwortung für die Klasse.

Auf der Abschlussfeier in Jahrgang 10 staune ich nicht schlecht, als da jemand auf der Bühne steht, den ich gar nicht kenne. Bahira hat ihr Kopftuch abgenommen.
Später werde ich zu ihrer Hochzeit eingeladen. Sie heiratet einen Deutschen. Große Hochzeitsfeier mit allem, was dazu gehört. Ich sitze am Tisch der Älteren neben ihrem Vater. Wir unterhalten uns gut und ich stelle fest, dass es ein sehr freundlicher und interessanter Mann ist. „Haben Sie Erfahrung mit internationalen Hochzeiten?", fragt er mich. Ich verneine und er meint: „Ja, ich auch nicht." Es wird schönes Fest und auch später klappt alles gut. Wie so oft: Viele Konflikte und ein gutes Ende. Ich freue mich.

FEEDBACK

Keine Stunde ohne Feedback, zumindest nicht, wenn offizieller Besuch dabei ist, also Schulinspektion, Schulrätin o.ä., denn das ist so eine Art verordnetes Zaubermittel. Man sollte es nicht überstrapazieren. Oft aber wirklich gut: Auf dem „warmen Stuhl" darf zum Beispiel ein Geburtstagskind sich von 3 Mitschüler*innen etwas Positives sagen lassen. Wobei tolle Schuhe oder neue Jeans o.ä. natürlich nicht gemeint sind. Dann gibt's am Stundenende oft eine Daumen-hoch-oder-Daumen-runter-Runde und natürlich dürfen die Schüler*innen uns auch Zeugnisse schreiben, oder Beurteilungen für das letzte halbe Jahr Unterricht.

Leider sind diese nicht immer so informativ, wie man sich das wünscht: „Gut: alles, schlecht: nichts", schreibt ein Schüler aus der 7 d, sein Nachbar: „Alles gut!" Hm. Ein bisschen mehr würd ich ja gern wissen. „Ich fand den Unterricht ... eigentlich ganz gut ... und er war auch nicht so langweilig wie bei anderen Lehrern", findet Nadjia, worüber ich mich aber nicht lange freuen kann, denn ein Klassenkamerad ergänzt: „Das war nicht schlecht, aber manchmal war das langweilig und scheiße, wie Sie sich aufgeregt haben."

Aus der eigenen Klasse bekomme ich meist sehr nette Rückmeldungen. „Ich finde Sie sind nicht so streng wie die anderen, der Unterricht bringt Spaß mit Ihnen." Darüber freue ich mich. Manchmal bin ich richtig gerührt, wenn z.B. Anton aus Klasse 5 schreibt: „ ... und Sie sind ein guter Mensch." Tolga wiederum hält mich für sehr höflich. Sonst heißt es z.B.: „Machen Sie weiter so!", „Ich finde, dass Sie den Deutschunterricht ganz gut hinkriegen." oder „Bleiben Sie, wie Sie sind." Dabei will ich mich doch noch entwickeln. Selten erfahre ich wirklich etwas über den Unterricht, wie z.B. dass Schüler Biologie gut finden, weil „wir was erforschen." Das hatte ich gehofft. Dann heißt es wieder, der Unterricht sei nicht spannend oder aber sehr spannend. Ebenso erhellend die Meinungen zur Unterrichtsorganisation: So schreibt Anna: „Ich finde es gut, dass wir zwischendurch eine Regel hatten, dass wir nicht reden durften, weil wir so viel mehr schaffen können." Ihre Freundin Jana allerdings meint: „Mir gefällt Deutsch gut, außer, wenn wir nicht reden dürfen, das hasse ich."

Und Kirsten schreibt mir in Klasse 8: „Und das Fach Deutsch ist, wie du weißt, mein Lieblingsfach. Da haben Sie auch einen Teil mitgeholfen, dass das mein Lieblingsfach ist." Darüber freue ich mich sehr. Wirklich.

Negative Kritiken sind hin und wieder recht launig verfasst: „Ihr Unterricht ist scheiße. Sie drehen immer gleich durch, wenn man ein Wort redet. Und wenn andere reden, sagen Sie nichts. Und lassen Sie Ihre scheiß widerlichen Tiere (Stabheuschrecken) zu Hause. ... Verstanden? Und wenn wir Sie nächstes Halbjahr noch einmal haben, drehe ich durch. ... Und das einzig Gute an Ihrem Unterricht ist ... der Schluss, das Ende." Natürlich bekomme ich von dem Verfasser eine 5-. „Heulen Sie nicht. Es ist so.", ergänzt der anonyme Verfasser noch. Von einem anderen Schüler bekomme ich auch eine 5-. Er meint: „Wir machen fast immer das Gleiche und Ihre Themen sind eklig (es ging u.a. um Insekten).

Darüber müsste ich jetzt eigentlich mal nachdenken, aber vorher lese ich noch, was Yvonne geschrieben hat: „Ich finde in Bio sehr gut, dass wir die Stabheuschrecken richtig untersuchen konnten, sie halten, ... mir hat es Spaß gemacht!" Und auch Marcel meint: „Das war super, dass Herr B. die Stabheuschrecken mitgebracht hat und wir sie auch anfassen durften" und Didem ergänzt „Ich fand alles gut, weil wir Sie als Lehrer hatten." Na ja, dann kann ich ja doch zufrieden sein, oder? Wohl eher nicht. „Ich habe die Insekten und die Körperorgane des Menschen total doof gefunden. Bienen fand ich auch scheiße", meint nämlich jemand aus Klasse 6. Er gehört auch zu den wenigen, die konstruktive Vorschläge machen: „ Wir müssten mehr oder wenigstens etwas aufschneiden. ... Wir sollten mal Würmer essen oder Ratten."

Zadik fand den Biounterricht aber auch ohne so etwas toll, hat allerdings „manchmal genervt", wie er schreibt, weil ihm langweilig gewesen sei. Didem ging es wohl ähnlich: „Ich finde das Halbjahr war gut, auch wenn ich nicht gut mitgearbeitet habe."

Ja die Mitarbeit ... Sabrina ist zufrieden: „Der Unterricht war nicht so streng von wegen nur pauken, pauken und nochmals pauken. Wir haben was gelernt und auch dabei Spaß gehabt. Und das fand ich gut!"

Schüler*innen aus Klasse 7 war es aber zu streng: „Was ich nicht gut fand, ist, dass wir, wenn wir reingerufen haben, gleich eine schlechte Zensur bekommen haben", was ich hiermit aber mit Nachdruck dementiere. Und auch Radmila fand es „nicht so schön, dass man überhaupt nichts sagen kann, nur mit melden. Irgendwie ist es richtig, was Sie sagen, aber für die Schüler ist es nicht schön." Immerhin ihr hat es auch „Spaß gemacht".

Melania aus Klasse 10 schreibt sogar: „Ich fand dieses Jahr Bio sehr gut, wir haben nicht nur drinnen, sondern auch draußen gearbeitet. Besser könnte es nicht sein." Und auch Yoko aus Klasse 9 muntert mich auf. „Bleiben Sie wie sie sind, alles hat eigentlich Spaß gemacht.

Wenig Spaß gemacht hat mir das Feedback von Moritz aus Klasse 10: „Ihr Unterricht wird von Fach zu Fach langweiliger!", meint er. „Ich hätte jeder Ihrer Unterrichtsstunden den Tod vorgezogen. In Ihrem Unterricht ... ist jeder Schüler dazu verdammt einzuschlafen. Ich habe keinen Verbesserungsvorschlag, weil ... ich will, dass die, die nach mir kommen, dieselbe Langeweile erfahren."

Zum Glück gebe ich nicht auf und lese auch noch Norias Feedback, zum selben Unterricht in derselben Klasse: „Genetik fand ich super interessant ... und spannend. Evolution fand ich auch geil. ... (Ich) habe mich meistens auf den Unterricht gefreut. ... Manchmal haben Sie mich richtig in Ihren Bann gezogen! Bio ist ein tolles Fach!"

Favour wiederum mochte Genetik gar nicht. „Das hat man gar nicht verstanden. Mit den Kühen und den Ratten, was soll das? Ich würde dieses Thema den anderen Kindern nicht zumuten." Dafür möchte sie das Thema „Riesentintenfische", weil deren „Augen 30 cm groß" seien.

„You are a great teacher", schreibt sie dann zum Schluss und ich möchte ja auch versuchen das zu werden, aber die Feedbacks helfen mir leider nicht so sehr dabei.

Trotzdem: Vieles spricht für Feedbacks. Und wenn der meist sehr stille Bernd am Ende schreibt: „Herr Benthack, wenn Sie das gelesen haben, hab ich auch was zu sagen.", weiß ich, dass ich auch weiterhin Feedbacks schreiben lasse.